O SEGREDO

PARA REALIZAR SEUS SONHOS

ALDO NOVAK

O SEGREDO PARA REALIZAR SEUS SONHOS

Ediouro

Projeto gráfico e capa
Edinei Gonçalves

Preparação de texto
Masé Sant'Anna

Revisão
Clara Diament

Produção editorial
Cristiane Marinho

CIP-Brasil. Catalogação-na-fonte
Sindicato Nacional dos Editores de Livros, RJ.

N822s Novak, Aldo
O segredo para realizar seus sonhos / Aldo Novak. — Rio de Janeiro: Ediouro, 2008.

ISBN 978-85-00-02264-7

1. Técnicas de auto-ajuda. 2. Auto-realização (Psicologia). I. Título.

07-4309 CDD: 158.1
CDU: 159.947

08 09 10 11 12 8 7 6 5 4 3 2 1

Ediouro Publicações S.A.
Rua Nova Jerusalém, 345 — CEP: 21042-235 — Rio de Janeiro — RJ
Tel.: (21) 3882-8200 — Fax: (21) 3882-8212 / 8313
E-mail: editorialsp@ediouro.com.br
Internet: www.ediouro.com.br

Todos os homens sonham, mas não do mesmo jeito. Aqueles que sonham durante a noite, nos recessos empoeirados da mente, acordam na manhã seguinte e descobrem que foi algo efêmero, passageiro; mas os sonhadores diurnos são homens perigosos, porque ao criar seus sonhos com os olhos abertos podem torná-los reais.[1]

Lawrence da Arábia

---

1. "All men dream, but not equally. Those who dream by night in the dusty recesses of their minds wake in the day to find that it was vanity; but the dreamers of the day are dangerous men, for they may act their dream with open eyes, to make it possible."

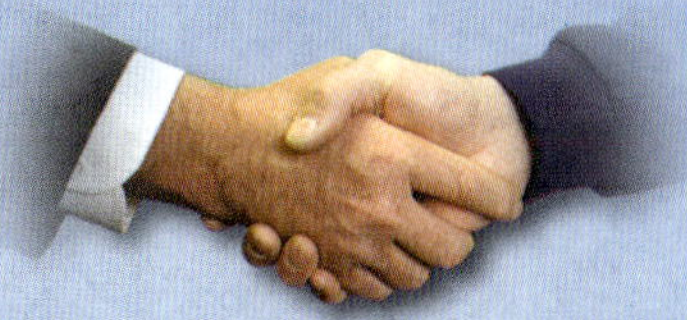

Agradecimentos

A publicação deste livro exigiu o esforço de muitas pessoas, incluindo minha equipe no escritório da *Novak Communication Center*, em São Paulo. Meu *staff*, colaboradores e parceiros foram de enorme ajuda neste processo.

Sou especialmente grato aos amigos que me acompanham há um bom tempo, apoiando e enriquecendo meus dias. São eles: Raquel Doretto, Cristiana Assumpção, Maria Cláudia Albuquerque, Frederico Baggio, Carlos Quintino e Marcos Attard. Cada um, de um jeito muito particular, está envolvido diretamente com os resultados positivos da minha vida. Porque o *meu segredo* — se é que podemos chamar assim — é composto das pessoas que tenho a sorte de ter ao meu lado.

Alguns de meus parceiros e amigos foram também pacientes com projetos que tive que adiar, para dar atenção ao livro, como Paulo Roberto Sauerbronn, Luiz Aleagi, Vanda Martins, Sérgio Santiago, Marcelo Ferrão e Silvio Martins.

Agradeço a cada um deles, por terem mantido os níveis de interrupção no mínimo possível.

Também agradeço a Cláudio Aragón, Silvia Albuquerque e Giselle Vasconcelos. Cláudio, da Dreamland Filmes, distribuidora oficial do filme *The Secret — O Segredo*, em nosso país, foi a primeira pessoa a confiar em mim e indicar meu nome como porta-voz do documentário — antes e depois do lançamento. Logo em seguida, Silvia e Giselle, da Ediouro — distribuidora oficial do livro —, fizeram convite semelhante.

O Segredo para realizar seus sonhos também não existiria sem a vontade de meu editor, Marcos Torrigo, e de toda a equipe da Ediouro, de quem recebi total apoio, com sua competente participação no decorrer do trabalho. Foram parceiros, de verdade. Desde a publicação de *The Secret — O Segredo*, de Rhonda Byrne, tenho contado com a colaboração de todos.

Também agradeço a minha *coach* editorial, Mirian Ibañez, que analisou a forma e o conteúdo do livro e sugeriu alterações, para aperfeiçoar a fluência do texto. Seu trabalho foi magnífico.

Minha especial gratidão, também, a Elá Camarena e Alcione Luiz Giacomitti, da Terra Inca, que permitiram a inclusão de suas experiências instigantes com a *Lei da Atração*. A Alcione sou grato ainda pela inclusão de sua experiência sobre Machu Picchu.

Minha mãe, Ione, merece também menção especial, nesta lista gratificante. Foi com ela que constatei, pela primeira vez, como um livro pode mudar uma pessoa para melhor. Eu era criança, e ela passou por uma grande transformação depois de ler uma obra que a tocou profundamente. Como acompanhei de perto esse processo, daí em diante sempre me interessei pelo poder positivo que há nos bons livros.

Eduardo, Edgard, Juliana, Victor e Gabriela — vocês também são parte do que há de bom nestas páginas, assim como meu pai, Edvaldo, que sempre estará em nossos corações.

Meus clientes de *coaching*, que aqui aparecem com outros nomes, por razões de privacidade, foram lembrados em cada página, cada palavra e cada emoção que você encontrar neste livro.

Por fim, agradeço à pessoa que me incentivou a dar uma parada completa em minhas atividades para me dedicar somente a este trabalho. Rosana Braga, escritora de muitos títulos e minha amiga, foi fundamental para que eu mergulhasse nesta viagem gratificante, cujo resultado chega às suas mãos, agora.

A todos, muito obrigado.

Aldo Novak, 2007

A você,

para quem este livro foi escrito

Sumário

Parte 1

Parte 2

Parte 3

Sua biografia não é seu destino.

Jim Rohn

Prefácio

Seu passado termina aqui. Seu futuro começa aqui.

O mesmo que pólvora para o canhão — é isso que este livro será, em sua vida.

Você já tem tudo pronto na sua cabeça — mesmo que ainda não saiba disso — e, ao acrescentar a pólvora e acender o pavio, inflamará todo o seu potencial, em direção ao alvo que é seu sonho.

Tudo o que você vai ler é o resultado de anos de trabalho de consultoria, *coaching* e atendimento a quem busca superar obstáculos, além de leis e princípios universais usados por gente que conquistou grandes vitórias pessoais repetida e consistentemente e sob as mais diversas (e às vezes muito adversas) condições.

O foco de nosso conteúdo é o uso da *Lei da Atração*. Especialistas, pesquisadores, autores, conferencistas e *coaches* de todo o planeta têm agregado experiências e, mais importante, evidências dos resultados práticos obtidos a partir dela na vida de homens, mulheres e adolescentes. E de lugares tão diferentes do mundo como os Estados Unidos, a Etiópia, a Austrália, a China ou o Brasil.

Não há fantasia, senão pura realidade, nas páginas a seguir — embora um sonho realizado seja a fantasia suprema de muitas pessoas. Se esse é seu caso, alegre-se, porque sua vida vai mudar.

Para melhor. Muito melhor.

METÁFORAS, QUANDO É PRECISO

Vou usar, nas páginas que se seguem, uma série de metáforas.

Metáforas são *alegorias* e figuras de linguagem que, embora não sejam tecnicamente verdadeiras, conseguem traduzir assuntos complexos de forma simples e rápida. Perfeitas, portanto, para público não-especializado.

Uma de minhas palestras sobre a *Lei da Atração* tem o título "Você Atrai o que Transmite", mas com isso não afirmo que você seja uma antena, do ponto de vista científico. Você não emite ondas com o cérebro (pelo menos de acordo com a física clássica), apesar do que é escrito e dito sobre isso.

Mas — e aqui há um ponto importantíssimo —, ao usar essa metáfora, estamos reduzindo de modo cristalino uma explicação muito complexa e longa a cinco palavras, exatamente as que compõem esse título.

Eu teria que explicar uma série de detalhes complicados, como a operação de todo o processo de ação e reação comportamental e sistêmica do nosso ambiente psicossocial. Precisaria, ainda, resumir anos de estudo sobre nossa *inteligência intrapessoal*, nossos mecanismos de automotivação, nossa capacidade de compreender a *gestalt* de eventos não-relacionados, e nosso sistema de formação de conceitos e pré-conceitos, incluindo até rudimentos da Teoria do Caos, de forma a tornar o conteúdo compreensível a todos.

Complicado? Pois é, por isso eu digo simplesmente que *você atrai o que transmite*. Dá para entender de imediato, não é?

Mas tenha sempre em mente que uso metáforas para simplificar, tornando muito acessível o entendimento da *Lei da Atração*, de maneira que seja usada da melhor forma, para que você realize seus sonhos.

O próprio nome *Lei da Atração* é uma metáfora, pois se refere aos resultados gerados por tudo aquilo em que você pensa, sente e traduz em ações (ou inações), não a algum tipo de "magnetismo", como o que implica o ímã. Mas a imagem do ímã é ótima para explicar a *Lei da Atração.*

Vou ficar apenas nesse exemplo. Outras metáforas do mesmo tipo, como o uso da palavra energia, você reconhecerá facilmente, distinguindo-as de verdades técnicas. Essas também aparecerão e de maneira bem clara, para indicar seu suporte científico e base real.

Envolvimento profundo

Estou profundamente envolvido, há vários anos, com aquilo que, hoje, é conhecido como "O Segredo", também chamado de *A Lei da Atração.*

Desde o século passado (!) realizo treinamentos, em diversas regiões do país e para diferentes platéias. Mas foi somente após o lançamento do documentário *The Secret — O Segredo* que o grande público acordou para as implicações da *Lei da Atração*.

Às vésperas de ser exibido no Brasil, a Dreamland Filmes me convidou para ser porta-voz da produção. Em seguida, fiz para a editora Ediouro, responsável pela edição brasileira do livro, uma série de palestras.

Por isso sei que muita gente já sabe, em teoria, como aplicar a *Lei da Atração* em suas vidas... mas há quem sinta extrema dificuldade com a parte prática. Esta é minha especialidade: como aplicá-la à sua vida. A *Lei da Atração* é a raiz, o ponto de partida e um dos fundamentos mais importantes de tudo o que você possa aprender para realizar seus sonhos. Também é um dos mais simples.

Não é necessário acreditar na *Lei da Atração* para que ela funcione, assim como sua professora jamais disse que você teria que acreditar na Lei da Gravidade. Ela simplesmente existe, quer a gente queira ou não.

Também não é preciso entender de física quântica nem seguir nenhum processo esotérico para usar a *Lei da Atração* em benefício próprio. Bastam bom senso e lógica cartesiana.

Aqui, você encontrará os passos exatos para fazer as escolhas que irão lançar seu destino e seu futuro na direção do mais alto degrau do pódio.

Quando falamos em *Lei da Atração*, estamos tratando de escolhas fundamentais, que geram iguais reflexos em nossa existência. Falamos de *escolhas superiores que geram conseqüências superiores*. Algo que *Benjamin Franklin* já defendia.

Somos livres para escolher, mas prisioneiros das conseqüências. Conhecendo as conseqüências desejadas, seu sonho fica muito mais fácil fazer as escolhas que levam a ele.

O objetivo de *O Segredo para realizar seus sonhos* é ajudar você a entender e aplicar, já na leitura das primeiras páginas, princípios e técnicas que mudarão sua vida. Para sempre.

Também incluí formulários para que você possa manter um registro de suas atividades, porque *ao fazer* você realmente aprende.

ALERTA IMPORTANTE

Se você escolheu este livro com a esperança de tentar enganar "o Universo" e conseguir *coisas* na sua vida por meio de truques e mágicas, lamento informar que, aqui, tudo é *de verdade*. Não se trata, portanto, de um show de ilusionismo.

Se você acha que a *Lei da Atração* é apenas um outro nome para *pensamento positivo*, terá uma surpresa enorme, pois, ao contrário do que já escutou por aí, são duas coisas bastante diferentes. Quem diz que *O Segredo* é um livro sobre o pensamento positivo ainda não entendeu qual é sua verdadeira mensagem.

Além disso, se seu objetivo é vencer, custe o que custar, e expandir sua conta bancária a qualquer preço, ou ainda realizar seu sonho destruindo quem e o que está ao seu redor, até mesmo você, é bom procurar outro livro. Sim, porque o objetivo deste é tornar sua vida muito melhor, em todos os sentidos.

Tudo o que aconteceu até aqui em sua existência será considerado por você uma preparação para o que virá, a partir de agora.

Sua biografia, por mais difícil que tenha sido, por mais dores que contenha, por mais tropeços que tenha sofrido, pode mudar radicalmente. As coisas negativas criadas no passado, por você ou pelas pessoas ao seu redor, não precisam se repetir em sua vida, no futuro, como se fosse uma tendência da qual não há como escapar.

Biografia não é destino

Seu destino será outro — e muito melhor, assim que você começar a caminhar por uma nova estrada. Uma estrada diferente da que você vem trilhando e que sempre esteve bem próxima, porém cuja existência você jamais havia notado.

Nossa jornada juntos vai começar. Estarei com você durante toda a viagem.

Bem-vindo a bordo!

Aldo Novak

Seria absurdo dizer: Acabo de ler um ótimo livro sobre a técnica de andar de bicicleta, portanto agora já sei andar de bicicleta.

Peter Senge

Introdução

Duvide de mim

Esqueça as fórmulas complicadas.

Se você acha que sabe tudo sobre a *Lei da Atração*, mas as coisas ainda não começaram a "acontecer" em sua vida, este livro é para você.

Saber e não fazer ainda não é saber. Aqui, você aprenderá a fazer.

Em minhas palestras pelo país e atendimentos de *coaching*, percebo que muitas pessoas conseguem compreender conceitos teóricos de modo bastante preciso, mas nem sempre aplicam esse conhecimento à própria vida. É o que observo, também, com *A Lei da Atração*, ou *O Segredo*.

Inúmeras pessoas lêem livros sobre isso avidamente, assistem ao filme *The Secret — O Segredo* até mais de uma vez, absorvem os ensinamentos e param nesse estágio. Como se tomar conhecimento de algo tivesse o poder de entrar em seu cotidiano sem que nada mais precisasse ser feito. Tais pessoas têm certeza de que conhecer a teoria é o bastante para criar sua realidade.

Essa impressão pode ser ainda mais forte no caso da *Lei da Atração*. A teoria é tão simples, tão fácil de entender, que parece não restar nada senão absorvê-la, como um alimento. Aí está a complicação da simplicidade.

Junior Teague disse uma vez: nada é tão simples que não possa ser mal compreendido. Qualquer um de nós que já namorou, no mínimo uma vez, sabe muito bem o que isso significa. Às vezes, uma simples afirmação desencadeia uma tempestade em um copo d'água.

Por mais elementar e transparente que seja uma frase para quem a pronuncia, nada impedirá que o interlocutor a interprete de maneira diferente ou mesmo totalmente oposta à intenção original.

Não por acaso se diz que na prática a teoria é outra.

Este livro tem por objetivo ajudar você a aplicar a *Lei da Atração* à sua vida, na realização de seu sonho, transformando-a completamente, evitando que você perca tempo tentando sair em busca de conceitos complexos para fundamentar o básico.

O Segredo para realizar seus sonhos é um instrumento que você usará para que se concentre no pensamento correto, nas emoções que transfiram poder a esse pensamento e nas ações necessárias para mudar a realidade — porque é o movimento que realmente provoca as mudanças.

Você entenderá claramente o funcionamento da *Lei da Atração* e terá uma série de atividades práticas para provar cada etapa do processo, na construção de seus sonhos, por meio de *evidências* e resultados mensuráveis.

Há algo mais, antes de começar, que quero que você saiba: *duvide de mim*. Sim, isso mesmo!

Por que eu insisto que você duvide?

Muitas vezes, quando alguém absorve direto uma idéia, pode iludir-se e achar que já está assimilada a ponto de funcionar no piloto automático, sem nenhuma intervenção da própria pessoa.

Duvide com a intenção de ver se funciona mesmo. Então, pratique as técnicas que você conhecerá. Por mais simples que pareçam, elas só dão resultado quando você se movimenta, testando-as.

Experimente fazer aquilo que mostrarei assim como quem aprecia um alimento novo, para sentir seu sabor.

A *Lei da Atração* é muito poderosa. O livro traz os conceitos e as técnicas, mas cabe a você praticá-los. Essa é a sua parte.

Só a prática vai lhe mostrar como ela realmente funciona. Você provavelmente dirá, já duvidando: mas li que ela funciona sempre, então por que tenho de me mexer?

Pois este é o ponto fundamental que você deve entender. A *Lei da Atração* funciona sempre, sim. Mas, para funcionar como *você* deseja, é essencial que *você* escolha seus pensamentos, gere as emoções necessárias e decida quais ações levarão ao seu sonho. Caso contrário, pode ser que a *Lei da Atração* atraia para a sua vida os desejos e experiências que outras pessoas escolheram para você. Ou mesmo os que você mais teme e, por tanto temer, não pára de pensar nisso.

Nada pode substituir a sua intenção, para fazer com que ela atue a seu favor. Você tem esse poder.

Leia este livro com a mente e o coração. Porque, para realizar algo de valor em sua vida, seja o que for, sua mente não será o bastante. Da mesma forma, seu coração não será o bastante.

Você precisará de ambos.

Além disso, há um fator essencial no "tempero" do seu sonho: é agir, dando um novo passo, mesmo que minúsculo, todos os dias. Pensar, sentir e agir é tudo o que você precisa fazer.

Seu primeiro passo, agora, é mergulhar na leitura já iniciada. Com toda a sua integridade, atenção, raciocínio e sentimento aliados para essa grande viagem, descortinando um futuro novo e magnífico em sua vida.

Uma guinada espetacular ocorrerá a partir desse movimento. E tenho a impressão de que você, muito em breve, começará a ser assunto nas rodas de amigos, conhecidos e desconhecidos.

O autor e conferencista Mike Dooley, um dos apresentadores de *The Secret — O Segredo*, costuma resumir assim a nova vida de quem aplica a *Lei da Atração*:

> *Logo, as pessoas começarão a falar de você. Dirão que você tem muita sorte, nasceu virado para a Lua, tem o Toque de Midas, é favorecido pelos astros e quem sabe digam uma coisa ainda mais incrível: "Ele não é como o resto de nós."*

Se é assim que tem que ser, que seja. Vamos, nós dois, dar a eles alguma coisa sobre o que falar!

Tudo começa agora.

Siga sua felicidade.[2]

Joseph Campbell

2. "Follow your bliss."

Parte 1

- Até hoje, você acreditou que seu sonho dependia de sorte.
  Nunca mais.
- Até hoje, você acreditou que seu sonho era impossível.
  Nunca mais.
- Até hoje, você acreditou que seus pedidos não eram entregues.
  Nunca mais.
- Até hoje, você acreditou que se não encontra oportunidades é porque elas não existem.
  Nunca mais.

Nesta primeira parte de O Segredo para realizar seus sonhos, *vamos passear pelos jardins do seu sonho.*

Aperte os cintos. Pense até onde deseja chegar. Sinta as emoções de seu sonho. Pise no acelerador. Vire a próxima página.

Sonhe grandes sonhos, porque os grandes sonhos têm o poder de mover as almas dos homens.

Marcus Aurelianus

Aja como se...

Os agentes de segurança da CIA e do FBI entraram enquanto eu procurava um livro de registro de funcionários que devia estar no corredor três. Ninguém tinha avisado quem eram eles ou o que faziam lá.

Eu tinha 17 anos e estava imundo, revirando caixas sujas e mal organizadas no arquivo morto da companhia. Olhei assustado, já que ninguém entrava naquela área, nem os chefes da empresa, porque era um lugar cheio de poeira, escuro e meio tenebroso. Pilhas e pilhas de documentos tomavam todo o espaço. As telhas de amianto pioravam as condições do ambiente, que no verão era um verdadeiro forno. Fantasmagórico. Sem exagero nenhum.

Sentado no chão, conferindo as datas dos livros, levantei o rosto, e um dos agentes notou meu susto. Antes que eu dissesse algo, ele apertou o botão do seu *walkie-talkie* e disse alguma coisa em código. Claro, não entendi nada, embora falasse inglês fluentemente.

O espaço era dividido por uns 15 corredores, formados por altas prateleiras. Pelas frestas, eu via aqueles homens de terno preto (sim, iguaizinhos aos do filme) livrarem-se de seus óculos escuros para vasculhar, cuidadosamente, o conteúdo das caixas.

Eles tinham mesmo de tirar os óculos, porque mesmo eu mal enxergava detalhes, ali. A iluminação muito fraca — com lâmpadas de 20 watts a cada cinco ou seis metros — não ajudava em nada.

Não demorou muito para que meu chefe, Renato Santarlacci, aparecesse ali, explicando de quem se tratava. Os agentes haviam sido enviados pela embaixada americana. Faziam parte do *staff* de proteção do ex-presidente americano Gerald Ford. Ele viria ao Brasil na semana seguinte para várias reuniões, uma delas naquela multinacional.

Ué, e o que eles estão fazendo aqui no arquivo morto?, perguntei. Procurando bombas, foi a resposta do meu chefe. Ao dizer isso, ele fez cara de quem achava a hipótese totalmente absurda, dando aquela simpática risada, bem ao jeito dele.

Naquele tempo, isso era mesmo quase uma piada. Além do mais, Gerald Ford era extremamente popular nos Estados Unidos e no resto do mundo, porque assumiu com elegância, depois do vexame de Richard Nixon e seu Watergate.

— Mas ele nem é mais presidente! — retruquei.

— É, mas ele *age como se* fosse! — foi a resposta do *seu* Renato, sempre bem-humorado.

Pareceu óbvio. "Muitas pessoas agem como se ainda fossem aquilo que já foram", pensei. Há até o ditado: "Quem foi rei nunca perde a majestade." Eu só não sabia que o contrário é ainda mais poderoso. A verdadeira chave para mudar seu mundo: *agir como se fosse aquilo que você **ainda** vai ser.*

> A Lei da Atração, *que você conhecerá em detalhes aqui, estabelece uma série de princípios e normas para transformar em realidade os rudimentos de seus sonhos mais importantes.*
>
> *Uma das regras mais básicas — e menos aplicadas — chama-se o "agir como se".*
>
> *"Agir como se" refere-se ao seu comportamento diante de uma situação supostamente real, contaminando-se positivamente com as emoções e os pensamentos que teria se já estivesse vivendo aquela realidade idealizada.*
>
> *Quando você começa a* agir como se *seu sonho já estivesse se realizando, mecanismos cognitivos e comportamentais entram em operação, provocando reações das outras pessoas que reforçam seu sonho e sua busca. Conferem credibilidade a você. Ao mesmo tempo, aumentam a sua confiança. E sedimentam sua auto-estima.*
>
> *E você começa a "atrair" seu sonho, mesmo que não saiba como isso ocorre. A excelente notícia é que, ao ler este livro,* você terá a receita completa!

Os agentes reviraram toda a empresa, entraram nos dutos de ar-condicionado e checaram o forro de todos os ambientes pelos quais Gerald Ford passaria.

Puxa vida, foi um dia excitante. Agentes verdadeiros, com cara de policiais de cinema, e um ex-presidente americano popular prestes a chegar! Para um garoto de 17 anos, aquilo era mesmo emocionante.

Na semana seguinte, Ford fez sua entrada triunfal, com uma comitiva de mais de dez carros, parando exatamente em frente ao meu departamento.

Fomos proibidos de sair enquanto ele estivesse na empresa. Havia batedores da polícia brasileira, em suas motocicletas brilhantes, fazendo estardalhaço costumeiro. Uma cena de cinema: aquele batalhão de agentes saindo dos carros, ainda em movimento, para proteger o cidadão que ali representava nada menos que os Estados Unidos.

Como o *seu* Renato disse: eles *agiam como se* estivessem protegendo o presidente atual, em pessoa! Um cerimonial com aparato completo e para ninguém botar defeito.

Era tudo tão incomum, que eu me sentia muito importante ao ter acesso a uma cena dessas. Claro que, sendo o arquivista, a importância estava apenas na minha cabeça. Em um filme, eu seria o último dos figurantes...

Mas dias de emoção, como aqueles, eram raros. Uma vez passados, as coisas voltavam a ser como sempre foram. Monótonas.

Minha realidade, ou o que eu acreditava ser minha realidade, era bem menos emocionante.

A "REALIDADE" — OU O QUE EU ACREDITAVA SER A REALIDADE

Eu trabalhava das oito da manhã até as seis e meia da tarde. Para chegar na empresa, acordava às seis horas, tomava café, pegava meus materiais escolares e caminhava um quilômetro e meio, até a rodovia Presidente Dutra, para pegar o ônibus.

Como havia poucos coletivos para muita gente, a espera costumava superar meia hora. E quando um apontava, lá longe, eu tratava de torcer para que parasse. Era um sinal de que havia espaço para mais alguns passageiros, porque a maioria passava direto, com lotação esgotada e gente quase caindo. Eu mesmo cansei de viajar desse jeito, semipendurado, tendo de dar conta de mim mesmo e de tudo que carregava.

Ganhava salário mínimo. Mal dava para pagar o transporte, o lanche na escola e meus materiais escolares. Não dava para jantar. O que sobrava eu costumava gastar em livros, minha paixão. Ajudava em casa, mas era pouca coisa.

O arquivo morto era mesmo horrível. Eu levava duas ou três horas para encontrar documentos que poderia achar em quinze minutos, porque o sono, o silêncio, o calor, o isolamento, a poeira, a escuridão e a monotonia das tarefas freqüentemente tornavam meu cérebro lento. Vivia entre sombras e silêncios.

Um dia, arrastado e aborrecido, parecia ter quarenta horas!

Quando terminava o expediente, eu ia direto para o colégio, de onde só saía pouco antes da meia-noite. Apanhava outro ônibus, agora lotado de estudantes que se espremiam e faziam algazarra. Chegava em casa, exausto, quinze minutos depois. Por volta de meia-noite e meia, já estava na cama.

No dia seguinte, às seis horas da manhã, começava tudo outra vez.

> *Nada sabia a respeito da Lei da Atração. Nunca tinha lido nada nesse sentido, nem imaginava que pudesse ampliar minhas perspectivas, no presente.*
>
> *Claro, eu me empenhava para evoluir, mas apostando em meu futuro. Não via, ainda, como alterar meu dia-a-dia. Achava que ia ficar muito tempo naquela rotina das sombras e poeira, entre o arquivo morto e a escola noturna.*

Milhões de pessoas vivem exatamente assim todos os dias. Grande parte da população do mundo padece de piores condições, e portanto eu sabia que, apesar de tudo, ainda tinha sorte. Tinha, também, esperança de que um dia minha vida seria muito melhor. Mas eu imaginava tudo no futuro.

Jamais passou pela minha cabeça *agir hoje*, como se tudo já tivesse dado certo!

> *A Lei da Atração é muito clara neste ponto. Se você ficar imaginando que sua vida vai melhorar* no futuro... *ela sempre vai deixar para melhorar* no futuro. *Mas você vive no presente. No aqui. No agora.*
>
> *Então, vamos começar a mudar esse jeito de pensar. Vamos começar a viver* agora. *O futuro vai chegar, gostemos ou não.*
>
> A Lei da Atração *diz que você sempre deve "agir como se", em tudo na vida. Uma maneira mais corriqueira de dizer isso é que você deve sempre "fazer de conta que conseguirá", por mais improvável que pareça.*
>
> *Naqueles dias, muita coisa na minha vida parecia improvável.*

A BALADA

Havia dois momentos de relaxamento na semana. Normalmente, eu passava uma parte dos sábados no curso de inglês, e à tarde ia para o clube da Associação Cristã de Moços, em minha cidade, Guarulhos, pois não tinha que gastar nenhum centavo e era divertido. Lá, me envolvi em alguns grupos de voluntários e liderança.

Aos domingos, era muito diferente.

Meu excitante programa dominical costumava ser o seguinte: pegava um ônibus, e duas horas depois estava chegando à avenida Paulista, em São Paulo. Então, caminhava do início ao fim da avenida, olhando os prédios, as lojas, os restaurantes e aquela energia toda que tem aquele lugar, mesmo nos fins de semana.

Muita gente interessante, alguns ricos, outros muito pobres, pedindo esmolas. Havia menos policiais que hoje, mas também menos bandidos.

O trajeto integral de uma ponta a outra levava uns quarenta minutos. Eu depois repetia a caminhada, pelo lado oposto da calçada. Essa era minha *balada* de domingo.

> *A* Lei da Atração *estabelece que você deve pensar, sentir e agir* com base naquilo que deseja, *jamais com base naquilo que está vivendo — o que, convenhamos, é bastante difícil, se você não conhecer as ferramentas certas.*
>
> *Ainda assim, ao passear todos os domingos na avenida Paulista, eu estava, inconscientemente, procurando uma realidade diferente daquela que encontrava todos os dias.*
>
> *Isso é até óbvio, mas é bom você entender que* seu sonho depende disso.

Eu não tinha dinheiro para freqüentar nenhum restaurante. Nem para comprar nada. Mas o passeio era tão diferente do meu dia-a-dia, que me relaxava e permitia pensar sem pressões, sem televisão, sem problemas e sem arquivo morto!

O ponto forte eram minhas reflexões.

Quando calhava de fazer esse "programão" logo depois do dia de pagamento, eu podia me dar ao tremendo luxo de comprar um hambúrguer e um refrigerante. Mas isso era raro. Normalmente, eu voltava para casa no final do domingo, faminto e devorando tudo o que havia para o jantar, indo dormir em seguida para recomeçar a semana.

A Lei da Atração afirma que, se você aceitar sua condição como imutável, qualquer que seja ela, então ela será imutável. Aceitar e desejar a mudança é condição essencial para criar seus sonhos e sua vida.

Durante minhas caminhadas, sempre me perguntava quais os caminhos que levariam minha vida para outro patamar, com novas experiências.

Como criar meus sonhos?

Com a técnica certa

Nesse contexto, estava diante de Luiz Carlos, diretor da Associação Cristã de Moços, quando recebi o convite para liderar o nascente Programa de Intercâmbio Internacional da ACM. Ele me convidou para trabalhar nos Estados Unidos, em Boston ou New Hampshire, por três ou quatro meses. Adorei a idéia, claro, mas minha alegria desapareceu quando soube que eu teria de arcar com os custos da viagem — quase dois mil dólares.

Só para entender melhor o que isso significava, é importante saber que eu ganhava cerca de Cr$23.568,00 em 1983. Parece muito? Pois para comprar 1 dólar, naquele ano, um trabalhador brasileiro tinha que ter no bolso exatos Cr$493,61. Em outras palavras, para pagar a passagem de 740 dólares eu teria que gastar Cr$365.765,0, ou o salário de quase *um ano e meio* de trabalho. Isso, se eu não gastasse nem um centavo para mais nada, neste tempo todo!

E eu nem tinha dinheiro para passear, naquela época.

Imagine!

Se meu dinheiro mal dava para meus gastos, como eu ia arranjar um excedente para pagar uma conta em dólar? Fui sincero. Disse a ele que, embora a idéia me encantasse, não podia aceitar o convite, por falta de recursos. Só faltou dizer: *eu sou poooooobre, Luiz!*

Ele fez ouvidos de mercador. Continuava conversando como se fosse muito fácil, para mim, ir até uma agência de turismo e sair com minhas passagens.

> Aldo — respondeu ele —, você tem talento para liderar esses grupos e fala inglês muito bem. Além disso, já faz um trabalho semelhante com voluntários aqui na ACM. É uma pessoa altamente indicada para fazer esse trabalho.
>
> — Eu não posso viajar, Luiz. Não tenho esse dinheiro.
>
> Ele me olhou nos olhos e disse a frase da qual me lembro até hoje:
>
> — Então vou te ensinar uma coisa. *É só fazer de conta que você vai. Agir como se.* — E sorriu.
>
> — Como é que é? — perguntei, assustado.
>
> — É só agir como se você fosse — foi a resposta direta.

Escutei e fiquei ali sentado, estático, olhando com cara de pateta.

Mas essa frase, um tanto estranha, transformou minha vida. Foi um ponto de ruptura positiva. Foi ali que a *Lei da Atração* começou a exercer um papel preponderante na construção de meus sonhos — e eu nem mesmo sabia disso.

Bonachão, simpático e sempre alegre, eu conhecia pouco Luiz Carlos Gonzaga, na época. Com o tempo, entretanto, aprendi a respeitá-lo, mesmo quando dizia coisas aparentemente sem nexo para mim. Como aquela frase, que ficou reverberando na minha cabeça.

> *Mesmo sem saber, a partir daquele momento da minha vida usei plenamente a* Lei da Atração. *Isso faria com que eu deixasse um emprego maçante no qual recebia salário mínimo e viajava pendurado na porta dos ônibus para assumir outro, em que o salário era muito melhor e eu tinha um motorista para me levar para cima e para baixo, em uma empresa com escritórios em duas cidades do Brasil.*
>
> *Tudo isso em tempo recorde. Levei anos para entender como aquilo aconteceu. Mas vou contar rapidamente. Siga em frente. E lembre-se da frase: é só fazer de conta.*

Acho que havia um grande ponto de interrogação na minha testa, porque ele repetiu o que acabara de me dizer. Estávamos apenas nós dois ali naquela sala enorme, e o som da voz dele reverberava pelas paredes, amplificado.

Ele sorriu, pegou uma caneta, colocou uma folha de papel branco no centro da mesa e começou a fazer rabiscos sem sentido.

> — Faça de conta que você vai ao encontro do seu sonho —, repetiu com um olhar arguto, que ia e vinha entre os rabiscos no papel e minha cara assustada. Naquela época, eu estava ainda muito longe de conhecer a *Lei da Atração* e as bases de *O Segredo*. Era o final dos anos 1970.
>
> — Mas... Luiz... como assim, *fazer de conta*? Você quer que eu *minta*?

Do lado da mesa, bem diante de mim, na figura daquele homem direto, sem rodeios, mas enigmático, estavam a experiência e a resposta para várias das minhas dúvidas.

— Aldo, você quer ir ou não?

— Claro! Mas...

— Então! No fundo eu sei que, *se você quer mesmo* ir para os Estados Unidos, ou para a Lua, é porque vai. Então, não é mentira. *É previsão.*

E completou:

— Você vai. Pode acreditar!

Escutei sem retrucar, educadamente, mas no fundo conversava com meus botões, certo de que ele não tinha a menor idéia dos meus problemas. "Ele deve achar que eu sou rico", pensei.

Não era bem assim. Na segunda-feira eu teria que voltar para aquele arquivo morto!

Uma das bases da Lei da Atração diz que você não é coisa alguma. Você sempre está. E a diferença entre dizer "eu sou" e "eu estou" é a diferença entre uma rocha sólida e a água. A rocha é. *A água* está.

Quando diz que você é pobre — ou é rico —, comete o erro de supor que essa condição é definitiva. Se você diz que "está sem dinheiro", essa é uma condição transitória. Faz toda a diferença.

Se você diz que é gordo, já assume para si mesmo e para os outros que é assim que você é. Portanto, não deve mudar e nem tenta mudar!

Por outro lado, ao dizer que você está acima do peso, envia uma mensagem para todos, incluindo você, informando que essa é uma condição temporária e que pode mudar.

Somos sempre o resultado de nossos pensamentos, emoções e ações consistentes. Para mudar os resultados, basta alterar a sua causa.

Eu não sabia disso, na ocasião.

Depois de uns vinte minutos, durante os quais eu dizia "não" e ele fingia que não entendia, me despedi dizendo que pensaria na proposta.

A Lei da Atração insiste neste ponto, que parece irracional. Você deve agir, pensar e sentir como se tudo fosse dar certo. Você deve fazer de conta que conseguirá.

Apesar do aparente absurdo, nos próximos capítulos vou explicar os mecanismos cognitivos envolvidos que fundamentam esse ponto. Você vai se surpreender quando entender como funciona.

Durante alguns dias aquilo ficou na minha cabeça, e pensei que, mesmo que eu não fosse, poderia aprender tudo o que estivesse relacionado ao Programa de Intercâmbio. Também teria os contatos nos Estados Unidos e talvez, quem sabe, no futuro... eu pudesse fazer a viagem. Então, se e quando isso acontecesse, eu já estaria preparado. Além disso, minhas habilidades de liderança seriam aperfeiçoadas, com o trabalho.

E eu não pagaria nada por essa experiência!

"Deve ser divertido, na pior das hipóteses", pensei, de frente para a pasmaceira que era aquele terrível arquivo morto.

Mas a frase continuava ecoando em minha cabeça: "Aja como se."

E foi por isso que concordei com a sugestão, a princípio absurda, de fazer de conta que viajaria com o grupo.

Mesmo que uma parte de mim duvidasse que um dia eu seria capaz de juntar dinheiro para esse sonho, outra parte de mim desejava que algo acontecesse para que eu pudesse ir.

Creio que todos nós temos esse mecanismo na mente. É a esperança.

Aplicando a *Lei da Atração*, sem saber

A previsão era de que o primeiro grupo viajaria dali a dois anos. Algumas semanas se passaram e comecei o trabalho.

Durante meses eu estudei tudo o que podia sobre a viagem e sobre os acampamentos e colônias de férias americanas. Devorava os manuais e os folhetos que chegavam de Nova York, Boston e de alguns outros pontos nos Estados Unidos.

Organizamos os testes de inglês, as fichas de avaliação, e as reuniões se sucediam. Meu tempo, que já era bem curto, chegou às raias do inviável. Mas dei conta!

Criei formalmente o Grupo Executivo de Atividades Internacionais da ACM, e usávamos a sigla Gedai. Escolhi o nome porque, em português, a palavra lembrava o som dos cavaleiros "Jedi" de *Guerra nas estrelas*. Pois é, se era para fazer ficar divertido, já comecei com o nome...

Aproveitava os momentos de intervalo, durante as aulas, e o horário de almoço, na empresa, para ler publicações e escrever cartas para os Estados Unidos, negociando a ida do *nosso* grupo.

E a frase continuava a martelar: "Aja como se."

Agora, eu tinha que trabalhar durante a madrugada, depois que chegava do colégio. Volta e meia eu estava escrevendo até as três horas da manhã.

Sendo voluntário, não tinha dinheiro para criar formulários que eu inventava, por isso pedi permissão à indústria em que trabalhava para fazer cópias usando a máquina corporativa. O pedido foi aceito, desde que eles pudessem monitorar o que eu fazia. Expliquei os detalhes e eles me ajudaram muito, apesar de terem estranhado que eu aceitasse me envolver tanto em uma viagem da qual não participaria.

O tempo passou e, além de escolher o grupo, organizei, planejei, me envolvi em tudo. Sem limitações. Embarquei nesse sonho com entusiasmo, motivando os participantes como se eu fosse acompanhá-los. Eu "agia como se".

Estava com a equipe em todas as reuniões de preparação e *fazia de conta* que eu embarcaria. Apenas Marcos Crevelaro, meu amigo que também estava no grupo, sabia que eu não tinha como viajar.

Cinco meses depois de iniciar o trabalho, exausto, pensei sobre aquele absurdo. "Agir como se" — que bobagem!

Afinal, eu estava envolvido na coisa até o pescoço, e quando estivesse próximo o momento do embarque eu teria de contar para todos que não iria.

> A Lei da Atração *diz que, para atingir o seu sonho, antes de mais nada você tem de agir como se tudo estivesse acontecendo da forma certa. Não precisa acreditar.*
>
> *Não quer dizer que você deva fechar os olhos para eventuais problemas. Na verdade, é preciso ter uma avaliação precisa do*

> *que está ocorrendo em sua vida, mas comportando-se como se tudo estivesse indo de vento em popa.*
>
> *Isso não quer dizer que você deva "gastar por conta", em nenhuma hipótese. Mas significa que, em tudo o que você faz, deve estar implícito que seu sonho já está confirmado.*
>
> *Explicarei esse paradoxo à frente, e você verá que não é tão maluco assim o conceito de "agir como se".*

Na indústria em que trabalhava como arquivista, todos começaram a se interessar pelo que eu estava fazendo, já que os chefes sabiam dos detalhes — por meio das cópias que eu enviava. Devo ter virado assunto das conversas dos gerentes.

Meu superior na época, Renato Santarlacci, conversava muito comigo sobre as reuniões, as dúvidas, os custos e o grupo de viajantes. Ele me orientava, dando inúmeros conselhos sobre como resolver os problemas que iam surgindo. Foi o melhor chefe que tive na vida.

O tempo foi passando tão rápido que parecia voar: 10, 13, 15 meses...

Criei um caderno no qual colava várias fotos que recortava dos materiais publicitários enviados pelas ACMs americanas. Era gostoso olhar para elas e me imaginar naqueles lugares fantásticos.

Curiosamente, não me lembro de ter ficado chateado por não ir. Talvez porque eu soubesse disso desde o começo, como uma regra aceita, do jogo. Então, apenas continuava com a brincadeira de *fazer de conta*.

Uma coisa que me incomodava um pouco era o fato de o Luiz continuar a conversar comigo como se eu fosse embarcar, mesmo quando estávamos apenas nós dois conversando. Ele simplesmente não considerava a hipótese de eu não ir. Mas, cada louco com a sua mania.

Quando já estava trabalhando há 16 meses, o grupo tinha que dar entrada nos passaportes. Tirei o meu junto com eles, para não desanimar os viajantes. Mas o visto era outra coisa. Eu nem pensava em pedir, mas, quando mencionei a hipótese, alegando a possibilidade de ter de permanecer no Brasil, a reação foi tão ruim que deixei para lá.

Voltei a brincar de "agir como se".

ALGO ESTRANHO QUE NÃO ENTENDI

Dezessete meses depois, uma coisa aconteceu. Uma coisa bastante improvável. E isso me lembrou do que Luiz dizia sempre.

A empresa na qual eu trabalhava há quase três anos era uma multinacional, cheia de procedimentos internos e burocracia. Renato, aquele chefe que me ajudava como um pai, me chamou até a mesa dele, uma tarde, pouco depois do almoço.

Começou com uma conversa estranha, perguntando quais eram meus sonhos, que futuro eu enxergava na empresa e coisas assim. Ao final, disse:

> — Olha, não apenas eu, mas todos os gerentes estamos acompanhando o seu trabalho com esse grupo da ACM que viaja no final de junho, e você virou tema das nossas conversas.
>
> Eu escutava, quieto.

— Você sabe que a gente lê as cópias que você tira aqui, para usar com o grupo, as cartas em inglês que você escreve e as negociações. E o pessoal lá em cima (uma referência ao segundo andar, onde ficava a gerência) está muito surpreso com a qualidade do seu trabalho. Por isso, eles me permitiram fazer duas propostas para você. Eu quero que você pense bem, e responda quando achar que deve.

Resumindo, a primeira proposta era que eu mudasse de setor, deixando aquele trabalho aborrecido por um melhor e mais criativo. O pessoal do marketing já tinha dito que eu poderia ir para lá, assim como o setor de contas a pagar. Eu receberia bem mais, claro.

Mas a segunda proposta era ainda mais surpreendente. Enquanto Renato falava, achei que era brincadeira. Ao final, mal acreditava.

— Os gerentes e o pessoal do RH se reuniram para avaliar seu desempenho, desde que entrou na empresa, e concluíram que você trabalha muito bem, mesmo estudando à noite e ainda organizando esse grupo na ACM. Por isso eles decidiram oferecer uma segunda opção para você. Uma coisa rara que nunca aconteceu aqui antes. Se você quiser, a empresa pode demitir você só para que levante parte do dinheiro para a passagem. Eles fizeram um cálculo e acham que se você sacar o Fundo de Garantia pode reunir ao menos metade do que precisa para ir para os Estados Unidos.

Você já ouviu aquela história de que algumas vezes o tempo parece parar? Pois é, aconteceu comigo. Fiquei totalmente aturdido, sem saber sequer o que dizer. Eu nem conseguia classificar minhas sensações imediatas... Estaria alegre? Entusiasmado? Confuso? Com medo?

Senti um pouco de tudo.

Pedi tempo para pensar. O dilema era entre continuar na empresa, ou seja, em *território conhecido* e dentro da chamada zona de conforto, sem grandes novidades, mas também sem riscos, ou arriscar tudo para passar três meses fora, em uma experiência totalmente desconhecida, que eu tanto desejava vivenciar.

Chegando em casa, conversei com minha mãe. Ela me deu todo apoio para tomar a segunda decisão. Disse que me ajudaria com algumas economias que tinha. Mais ainda, ligou para meu pai (eles eram separados há muito tempo e raramente se falavam). Ele vivia em Minas Gerais. Ao saber da proposta que eu recebera e do empenho de minha mãe em ajudar-me, ele também colaborou. Para completar o necessário, eu vendi alguns pertences, como meu gravador. Assim, o que era impossível 17 meses antes tornou-se quase real.

Quando contei isso ao Luiz Carlos, a resposta veio logo. Ele abriu um sorriso largo e disse:

— Não falei? Era só "agir como se". Eu disse que você iria!". — E completou: — Tem muita coisa que você não sabe ainda... mas vai aprender. Pode esperar.

> — É, mas vou trocar o emprego de três anos por três meses nos Estados Unidos e voltar desempregado — disse, com minha visão "realista" de sempre.
>
> — Não se preocupe com isso agora. "Faz de conta", e tudo vai dar certo! — foi a resposta.

Foi o que fiz. Fiz de conta. Agi como se tudo fosse dar certo e optei pela demissão, mesmo sabendo que voltaria ao Brasil praticamente à míngua.

Assim, por incrível que pareça, quando faltavam trinta dias para a viagem, eu tinha dinheiro, passaporte, visto, bagagem, e sabia tudo que precisava para viajar — afinal, tinha passado 17 meses mergulhado no sonho.

Quanto às despesas lá, seriam cobertas, sem nenhuma folga, por um modesto salário pago pela ACM americana, para que eu trabalhasse em North Woods, New Hampshire, num acampamento de verão da própria instituição.

Assim, o sonho — improvável, a princípio, mas jamais abandonado — se concretizou. Em toda a sua extensão. Foi uma vivência sensacional, que me abriu, depois, maiores perspectivas na vida. Aprendi que vale a pena sonhar e trabalhar para concretizar um desejo.

E tudo começou com uma frase: "Faz de conta que você vai."

Dois dias depois que voltei ao Brasil, o diretor da ACM me telefonou. Eu disse que tinha adorado a viagem e que valeu cada minuto

Ele perguntou: E emprego? Você já tem onde trabalhar?

Eu não tinha, claro. Duas semanas depois, eu era o diretor da Colônia de Férias da ACM na cidade de Peruíbe, aplicando tudo o que tinha aprendido nos Estados Unidos.

Passei a ganhar quatro vezes mais do que em meu emprego anterior. Era também responsável (agora contratado) pelo Programa de Intercâmbio Internacional, com um escritório em São Paulo e outro no litoral, e um motorista que me levava de um lugar para outro, para resolver os problemas e desafios da minha nova função.

Foi um tempo no qual tive que reaprender tudo. Especialmente, esquecer os dias arrastados entre caixas empoeiradas, para assumir responsabilidades e desafios que me ensinaram mais do que eu esperava aprender em dez anos de trabalho.

Algumas pessoas, que não acompanharam o processo, disseram: — Nossa, como você teve sorte, hein! Do dia para a noite saiu do Brasil, deixou o emprego de arquivista, e mesmo com essa crise de empregos que há por aí já conseguiu um emprego muito melhor em três dias!"

Mas eu, e agora você, sabia que sorte não teve nenhuma relação com isso. A *Lei da Atração*, sim.

E isso vai acontecer com você também. Ao aplicar o conteúdo de *O Segredo para realizar seus sonhos*, as pessoas começarão a dizer o mesmo de você.

Dirão que você tem sorte. Dirão que não entendem como você consegue as coisas. Dirão que deve ser alguma magia.

Mas não é nada disso. Nas próximas páginas, mostrarei para você os fundamentos reais de como isso funciona.

Você verá o que é a *Lei da Atração*. Sem enrolação.

Observe seus pensamentos — eles são os mapas que definem suas ações. Grande parte do que nós vemos depende do que estamos procurando.[3]

Charlie Greer

---

3. "Watch your thoughts — they are blueprints for actions. A great deal of what we see depends on what we're looking for."

A mente só reconhece o que já conhece. Ela conhece seus sonhos?

O resto do mundo é invisível para nós

Uma das principais regras que costumo ensinar a meus clientes e amigos é: *quanto mais você conhecer os detalhes de seu sonho, melhor.*

Como você viu na experiência que tive com a viagem aos Estados Unidos, acumular e estudar os detalhes daquilo que você deseja é um dos fatores essenciais para transformar sua idéia em algo real. Recortes, fotos, artigos, livros, palestras, músicas... vale tudo para definir muito bem seus desejos e as sensações que você busca sentir ao atingir aquilo que deseja.

Alguns pesquisadores americanos afirmam que passam pela nossa mente de 50 mil a 300 mil pensamentos a cada dia. Naturalmente, a maior parte deles se resume a simples sinais automáticos e microdecisões, aquelas coisas que você faz quase automaticamente, como parar no sinal vermelho, olhar quando alguém diz seu nome e sentir fome.

Para separar tudo o que ocorre ocasionalmente em sua mente daquilo em que você realmente precisa pensar para construir e realizar seu sonho é necessário que você crie uma "biblioteca mental" de tudo o que está envolvido com aquilo que deseja.

Uma das coisas mais interessantes sobre a mente humana é que *ela só reconhece o que já conhece*. Não se trata de um jogo de palavras, mas de uma observação elementar.

Quando ela não conhece algo, quando sua biblioteca mental não possui uma determinada informação, muitas vezes pode até acontecer de você olhar para um objeto, uma pessoa *ou uma oportunidade* e deixar passar. É como se aquilo que não temos em nossa mente simplesmente fosse invisível.

Um filtro extraordinário

Nós, seres humanos, temos um pequeno filtro no cérebro chamado de Sistema de Ativação Reticular (SAR), muito conhecido dos médicos anestesistas, porque o SAR é "posto para dormir" quando alguém tem de sofrer uma cirurgia.

Do tamanho de um grão de feijão, o SAR funciona como uma janela, filtrando a informação que entra em nosso cérebro a partir do mundo exterior. É uma espécie de "radar sensorial", que todos nós temos.

O SAR é um recurso essencial, porque na maioria dos ambientes públicos temos mais de dois *milhões de bits por segundo* de informação sensorial disponível para a mente. É uma quantidade tão grande que nosso cérebro não consegue absorver. Nem precisa.

O SAR tem justamente a função de impedir a passagem da maior parte desse imenso volume de dados, deixando passar somente — pasme — 134 bits de informação por segundo! É justamente o que podemos registrar. O resto a gente nem sequer percebe que existe. Vemos, mas não enxergamos. Ouvimos, mas não escutamos. Tocamos, mas não sentimos. Nosso olfato detecta, mas não levamos em consideração.

É importante que você entenda bem isso, pois explica por que a mente só reconhece o que já conhece.

AÇÃO PRÁTICA

Olhe seu relógio e observe que horas são.

Agora responda — sem olhar novamente para o relógio — a esta série de perguntas:

- *Qual a cor exata dos ponteiros?*
- *Os algarismos são romanos ou arábicos?*
- *O ponteiro de segundos tem algum detalhe ou é liso?*
- *Qual a cor exata do fundo do seu relógio?*
- *Caso seja um relógio digital, ele mostra as horas no sistema de 24 horas ou duas partes de 12?*
- *Quantos botões de ajuste tem seu relógio: 1, 2 ou 3?*
- *Há algum texto escrito no relógio? O que diz?*
- *Existem "reloginhos" menores dentro do relógio principal? Quantos?*
- *Quantas cores há no relógio?*

- *Se eu pedir para você desenhar as letras que aparecem em seu relógio, você conseguiria?*
- *Existem detalhes na caixa do seu relógio, do lado de fora da área em que aparecem as horas? Se existem, quais são?*
- *Seu relógio tem calendário? Está marcando o dia certo?*

Agora, volte a olhar o relógio e confira quantas respostas estão corretas.

Quando aplico esse teste em alguém, raramente a pessoa acerta mais do que duas ou três questões. Como pode ser? Afinal, você olha para seu relógio dezenas ou mesmo centenas de vezes todos os dias!

Isso acontece porque quando você olha alguma coisa sua mente imediatamente procura e filtra *exatamente a informação ou a sensação que você busca*. Nem mais, nem menos.

Determine que algo pode e deve ser feito,
e então você achará o caminho para fazê-lo.

Abraham Lincoln

Embora você veja seu relógio dezenas de vezes ao dia, sua mente prioriza o que cabe exatamente naqueles 134 bits/segundo de informação. Se você quer saber as horas, sua mente bloqueia todos os outros detalhes disponíveis e se concentra no alvo que você busca: o horário.

E é exatamente isso que fica registrado, não o restante, embora esteja bem diante de seu nariz.

Imagine que você está sob uma imensa cachoeira, que despeja sobre sua cabeça nada menos de dois milhões de litros de água, mas você só sente escorrer pelo corpo uma ínfima parte, mais ou menos como se estivesse embaixo do chuveiro. Digamos que só percebe o equivalente a 134 litros. E, se houver alguém a seu lado, também terá a mesma sensação.

Caso você e eu estejamos em uma sala ou auditório, isso quer dizer que cada um de nós percebe apenas aqueles 134 bits por segundo de informação cada um, o mesmo que qualquer outra pessoa que esteja conosco. Cada um de nós, porém, capta diferentes dados. Por termos prioridades distintas.

Sabe o que isso significa?

Nas palavras do próprio James Arthur Ray, um dos apresentadores de *The Secret — O Segredo*, significa "*que nem você nem eu temos a menor idéia da realidade que nos cerca e que há uma enormidade de informações e experiências que nós simplesmente perdemos*".

O Sistema de Ativação Reticular é um recurso espetacular, pois, se não existisse, certamente ficaríamos loucos na tentativa de acomodar na mente tanta informação.

Mas, sabe o que é ainda mais interessante sobre esse sistema? *Ele acata todas as nossas ordens quando escolhe aquilo que filtra.*

Assim, por meio do Sistema de Ativação Reticular, nosso cérebro vai permitindo que entrem em nossa mente apenas as informações que consideramos mais importantes, relevantes para a nossa vida e com o maior número de referências e evidências.

Se eu pergunto para você: *que horas são?*, sua mente, imediatamente, pensa "que horas são?" e, ao olhar para o relógio, *enxerga as horas, mas não se preocupa com outras informações do seu relógio.*

Se, por outro lado, eu pergunto: *qual a cor do ponteiro de segundos do seu relógio?*, sua mente imediatamente registra: "qual a cor do ponteiro de segundos do meu relógio?" e, ao olhar para seu relógio, *enxerga a cor do ponteiro de segundos, deixando de lado qualquer outro dado, por ser irrelevante.*

TUDO TEM ORIGEM EM VOCÊ

Se você diz: *este problema não tem solução, eu não tenho sorte, todas as pessoas são desonestas, sempre me tratam como uma pessoa fracassada...* bem, é isso que a sua mente vai considerar como pensamentos prioritários e importantes.

Então, sob essa triste perspectiva, adivinhe o que você verá, naqueles parcos 134 bits de informação por segundo? Simplesmente, que *o problema não tem solução, que as pessoas são desonestas, que você não tem sorte e que sempre recebe tratamento de pessoa fracassada... etc.*

Veja bem, tudo parte de você. Se são essas as suas crenças, e é nisso que você está com o foco sempre ajustado, assim será a sua realidade. Não há como escapar. A hierarquização é de sua responsabilidade. Por outro lado, se você pensa que *o problema tem solução, as coisas boas estão sempre acontecendo com você, as pessoas são* generosas *e tratam você muito bem...* você verá (e vivenciará, claro!) exatamente isso.

Em síntese, é esse o mundo que você vê ao seu redor. O SAR permite apenas a passagem de 134 bits por segundo dessa verdadeira "cachoeira sensorial". Além disso, aquilo que vemos depende da forma como nossos pensamentos são hierarquizados e passam por uma série de "esponjas" e filtros conceituais, que estão dentro da cabeça.

Nossas memórias, nossas decisões e escolhas, a linguagem que usamos, nossas atitudes, nossas crenças e valores, nossas representações internas e nossa fisiologia decidem quais informações nossa mente vai apagar, distorcer ou generalizar, e isso vai interferir diretamente em nosso comportamento.

Em dois milhões de bits por segundo de informações existe praticamente tudo o que você imagina ou procura, mas seu cérebro detectará e deixará passar somente uma pequena parte disso, hierarquizando seus interesses com base em seus pensamentos. Portanto, você deve construir uma completa biblioteca mental de seu sonho.

Quanto mais você pensa em um assunto, mais sua mente vai deixar passar as informações que você procura. É fácil assim.

Capriche, então, nos detalhes para que seu Sistema de Ativação Reticular selecione e permita que cheguem a você as informações que confirmam e reforçam seu sonho. Você verá, portanto, oportunidades, maravilhas e soluções onde outras pessoas só conseguem enxergar desolação e escassez.

Hermann Hesse escreveu algo que toca exatamente no cerne da questão.

Nada lhe posso dar que já não exista em você mesmo.
Não posso abrir-lhe outro mundo de imagens,
além daquele que há em sua própria alma.

Nada lhe posso dar a não ser a oportunidade,
o impulso, a chave.

Eu o ajudarei a tornar visível
o seu próprio mundo, e isso é tudo.

É a realidade. *Nada lhe posso dar que também não exista em você mesmo.* Ninguém pode. Por isso, escolha com cuidado o que você colocará dentro de sua mente, porque, se forem os filtros certos, tudo começará a acontecer imediatamente.

É como se você tivesse um problema visual e, depois de anos sem enxergar direito, um oftalmologista lhe entregasse um perfeito par de óculos e tudo o que era embaçado ficasse em foco, bem visível. Tudo estava ali mesmo, porém antes "invisível" por sua falha de visão.

Basta que sua mente esteja focada no objeto certo, no sentimento certo, na pessoa certa, na existência certa, como um navio ancorado no porto certo.

Isso acontece, por exemplo, com quem compra um carro novo. As pessoas escolhem determinado modelo, com a cor que preferem e a marca que consideram melhor, pensando que terão algo praticamente único. Como se quase ninguém tivesse nada semelhante. Assim que saem rodando pelas ruas e estradas, começam a enxergar dezenas de outros veículos exatamente iguais, que trafegavam antes, mas eram invisíveis para a mente.

A mente *só reconhece o que já conhece.*

Ação prática

Pense em um carro, escolhendo o modelo, a cor e a marca. Se tiver uma foto dele, recorte-a e cole em sua agenda, ou coloque-a diante do computador. Pode ser em qualquer lugar, desde que você olhe para aquela imagem todos os dias, de preferência durante longos períodos. Anote em sua agenda as características do carro.

> *Escolha um veículo que esteja disponível no mercado brasileiro, claro. Se você optar por um modelo da marca Ferrari, na cor vermelha, dificilmente verá algum deles por aqui. São importados. Para ver muitos, você teria de viver na Itália, onde são fabricados.*
>
> *Então, depois de escolher o carro, imagine que seja seu. Agora, saia por aí, nas ruas e estradas, e veja o que acontece.*
>
> *O objetivo da experiência é mostrar que sua mente* detecta automaticamente tudo aquilo em que está pensando. *Capta o que já está na biblioteca mental.*
>
> *Se você realmente fizer a experiência com o objetivo de verificar como essa coisa funciona, começará a ver aquele carro em todos os lugares.*[4]

Por isso, é preciso apresentar à mente todos os detalhes do seu sonho bem antes de realizá-lo, para que todas essas minúcias possam sedimentar, internamente, seu desejo. Sua mente reconhecerá oportunidades que estão à superfície, mas outras pessoas não vêem. E isso vai acelerar drasticamente o ritmo dos acontecimentos positivos em sua vida.

---

4. Experiência similar é descrita no livro *Seja dono do seu nariz* da *coach* americana Cheryl Richardson.

As ações das pessoas são as melhores
intérpretes de seus pensamentos.[5]

John Locke

5. "The actions of men are the best interpreters of their thoughts."

Onde está o Universo

Colocando os "*pingos nos is*"

John Wooden foi um dos maiores técnicos americanos de basquetebol. Ele venceu campeonatos nacionais, nos Estados Unidos, em doze anos de competição pela Universidade da Califórnia. Conseguiu um feito inédito: conquistou sete títulos nacionais seguidos.

E o que ele fazia, no primeiro dia de cada ano, quando iniciava o treinamento de seus jogadores profissionais? Ensinava cada um a amarrar os tênis. Não é uma brincadeira. É sério. Só para ter certeza de que você vai lembrar sempre dessa lição, vou repetir: *ele começava cada ano ensinando seus jogadores profissionais a amarrar seus tênis.*

A filosofia de Wooden era simples: "tudo começa com o básico", dizia. Seria péssimo que um grande jogador tropeçasse nos cordões de seus próprios tênis em um momento crítico da partida.

> A *Lei da Atração* diz que você atrai em maior escala os sucessos que obtém em menor escala. Ao cuidar do básico, você se coloca em posição de atrair o mais complexo.

Para ampliar o alcance dessa lição, mudemos ligeiramente a profissão. Imagine uma bailarina que não sabe amarrar as sapatilhas... o que aconteceria em cena aberta?

Freqüentemente, eu e talvez você passemos por cima do básico. Há mesmo quem despreze o que parece elementar e trivial. Por isso, vamos rever os conceitos fundamentais da *Lei da Atração*. Justamente por serem tão simples, são tão mal compreendidos pelas pessoas.

Tudo começa, então, com o básico: Universo.

Em minhas palestras sobre a *Lei da Atração*, é comum algumas pessoas dizerem que se concentram muito em seus desejos, com pensamentos positivos, mas se queixam de que "o Universo" não está trazendo seus sonhos.

> *Atenção:*
>
> *Quando você diz que a* Lei da Atração *"não está funcionando", ela pára imediatamente de funcionar em seu benefício.*
>
> *Quando você reclama que "não funciona", ela pára imediatamente de funcionar em seu benefício.*
>
> *Quando você sente desânimo, achando que está perdendo seu tempo, ela pára imediatamente de funcionar em seu benefício.*

Nesse caso, costumo fazer algumas perguntas e, rapidamente, descubro que tais pessoas apenas *pedem*, mas ficam esperando sentadas, no sofá da sala, que o Universo lhes entregue o sonho.

Então, se essa é a sua atitude, vamos entender algo muito importante, de uma vez por todas: Onde você acha que *está* o Universo?

Pense um pouco.

A maioria das pessoas imagina que elas e o Universo são coisas diferentes. Em outras palavras, acham que o Universo está *lá fora* e que estamos *em algum lugar nele.*

Esse equívoco é compreensível, já que nossa mente existe dentro de nosso corpo, criando a ilusão de que somos feitos de elementos distintos e separados. Não um todo. Mas isso é apenas uma percepção, *e percepção não é*, necessariamente, *realidade.*

Qual seu nome?

Muito bem. Se você pensa que (*coloque seu nome aqui*) ____________ é tudo aquilo que existe *dentro de sua pele* e o Universo é aquilo que existe *fora de sua pele*, chegou a hora de descobrir a verdade.

E a verdade é que nem eu, nem você, nem ninguém *estamos* no Universo. Nós ***somos*** o Universo. Somos uma parte dele, como sua mão é parte de seu corpo.

Sua carne e sua pele apenas contêm seu ego, sua individualidade, sua estrutura óssea, seus órgãos, seu cérebro, sua essência, seu espírito, sua alma, sua força vital — ou como quer que você chame o que nos move, mas ainda assim *você continua* ***sendo*** *uma parte essencial do Universo.*

O astrônomo Carl Sagan explicava isso dizendo que somos poeira das estrelas.

Dentro. Fora. Em tudo e por tudo. O Universo é a totalidade do que conseguimos captar e compreender atualmente, e muito mais.

Entender isso é muito importante, pois, ao conscientizar-se de que *você é o Universo*, também passa a ter clareza de que quando *pede algo ao Universo* está pedindo algo a si mesmo! E, para que o Universo entregue aquilo que pediu, é necessário que você levante do sofá, saia de casa, escolha seus caminhos e aja! Você tem de se mexer!

Você cria seu mundo.

Veja: quando precisa beber água fresca, você usa uma parte do seu corpo, geralmente uma das mãos, para segurar o copo e levá-lo até a boca, saciando a sede.

Quando o Universo precisa mudar sua vida, devido a um pedido que você fez, ele usa uma parte do corpo dele — ou seja, *você* — para agarrar as oportunidades e fazer escolhas que transformem sua vida, que tem sede de realização.

Por isso, a *Lei da Atração* é também conhecida como a *Lei de Geração*, pois tendemos a fazer as coisas que estão em nossa mente a maior parte do tempo e, ao fazermos isso, *geramos resultados*, como as plantas geram frutos. Tudo aquilo que plantamos tende a crescer. Tudo aquilo em que pensamos, também.

Entende agora? Você é uma parte do Universo, assim como suas mãos, pernas, coração, pele... são partes de você. Eles não têm vida sem você. Você não tem vida sem o Universo.

Se quiser olhar o Universo nos olhos, vá até o espelho mais próximo! Não estou brincando.

Faça isso agora mesmo. Contemplando-se no espelho, olhos nos olhos, diga:

> *Agora eu entendo. Agora eu vejo o Universo.*
>
> *Eu sei que sou parte de um infinito, com bilhões de anos de existência e poderes que nem conhecemos ainda.*

Eu posso. Sei que posso.

Eu vou, sei que vou.

Eu estou, sei que estou.

Eu sou, sei que sou.

Agora eu sei que tenho o poder.

A partir de hoje, lembre-se: **Você é o Universo**.

Parece aquilo que alguns críticos chamam de auto-ajuda? E isso importa? Se é verdade, e sabemos que é verdade, deixe que os críticos critiquem. É a função deles. A nossa é viver a nossa vida com todo o nosso potencial.

Você é o Universo. Qualquer professor de física pode atestar isso. Muitas religiões também ensinam isso — mesmo que a linguagem seja diferente.

Sempre que estiver de frente para o espelho, lembre-se de que está fitando os olhos do Universo. Minha amiga Sônia Furlan dizia, quando éramos adolescentes, que os humanos são mesmo os olhos do Universo. Por intermédio de nós, o Universo pode se observar e compreender.

Há algo que você deseja superar? Algum comportamento que deseja mudar? Algum problema a resolver? Está tudo lá, todas as respostas você pode encontrar, olhando o Universo nos olhos. Os seus olhos!

De acordo com a *Lei da Atração*, o Universo, embora uno, está dividido em dois tipos: o Universo Interno (do qual acabei de falar) e o Universo Externo.

O "Universo Externo" é aquele que não podemos prever com exatidão, pois está relacionado com as ações individuais das outras pessoas e, portanto, não está sob nosso controle direto, embora possamos influenciá-lo bastante. Esse é o "Universo" no qual você deve confiar, mesmo que não tenha controle total sobre os resultados. Ele se moldará aos seus desejos mais profundos.

Para a realização de nosso sonho, não precisamos nos preocupar muito com esse "Universo Externo", mas é bom lembrar que ele existe, pois isso pode ajudar você a compreender como tudo funciona. E de maneira relacional. Não existe nada estanque.

A *Lei da Atração* é basicamente uma ferramenta de operação do Universo que atua mesmo que você não acredite nela.

Aliás, minha experiência com a *Lei da Atração* demonstra que, no início, não acreditamos nela. Depois, até desconfiamos que possa funcionar, mas secretamente ainda duvidamos. Em seguida, temos receio do seu poder, mas secretamente adoramos a idéia. Na seqüência, passamos a adorar a *Lei da Atração*, mas secretamente tememos seu poder.

Até que chega o dia em que não amamos, não tememos, não duvidamos e nem precisamos mais acreditar. Pois finalmente nos conscientizamos de que ela está aí, e sempre esteve. Basta entendê-la, como ocorre com a Lei da Gravidade.

Nós, você e eu, somos o Universo — e isso muda tudo.

Como você se sente, sabendo agora que não é apenas uma pessoa em busca de algo, mas sim o próprio Universo?

Se você tem a combinação do cadeado,
sempre vai abri-lo como se fosse mágica.

As chaves do cofre são suas

Entenda a *Lei da Atração*

A repórter me ligou querendo saber minha opinião sobre o filme *The Secret — O Segredo*. Quando elogiei, ela ficou perplexa.

> — Aldo, você só pode estar de gozação. Acha que eu posso dizer aos leitores da revista que tudo o que eles precisam fazer é pedir e acreditar, para receber? Então eles nem têm de ir para o trabalho. Podem ficar em casa, sentados, esperando um milhão de dólares cair do céu bem no colo deles!

Escutei, pacientemente.

Ela não estava errada. Mas também não estava certa.

O problema é que, em qualquer idioma, as mesmas palavras podem ter diferentes significados, dependendo da pessoa que ouve, do lugar e mesmo da época.

> *É por isso que um aluno britânico da atualidade acha tão difícil ler o dramaturgo William Shakespeare, pois suas obras são em*

inglês arcaico, não usado mais hoje. Shakespeare é considerado um dos professores do Segredo, *mas ainda assim sua leitura pode ser um tremendo desafio, mesmo para quem fale e leia fluentemente o inglês moderno.*

Mas, quando suas peças foram escritas, a linguagem corrente era aquela. Era o inglês do povo... transcrito de maneira exata. Só que, depois de 100, 200, 300 ou 400 anos, o que era comum e simples, em sua época, se torna atípico e complexo. Mesmo que, no tempo do autor, os diálogos de Romeu & Julieta *ou de* Hamlet *fossem absolutamente comuns, no coloquial do dia-a-dia.*

Hoje, o mundo é multicultural e as fronteiras vão perdendo o sentido, o que — devido ao permanente contato entre os povos — amplia a gama de interpretações que as pessoas dão às palavras.

Por isso, algumas vezes o melhor modo de mudar nosso mundo é alterar as palavras que dizemos, escutamos e lemos.

Em *The Secret — O Segredo*, documentário produzido por Rhonda Byrne e que varreu o mundo, a partir de 2006, causando admiração e controvérsia, a *Lei da Atração* é descrita de modo brilhante para envolver as platéias do planeta com uma linguagem adequada ao grande público.

Jamais uma produção dedicada ao autodesenvolvimento teve um impacto tão grande, onde quer que tenha sido exibida.

Entretanto, como costuma acontecer com teorias tão simples, as pessoas vêem, acham que absorveram o conteúdo, mas nem sempre entendem claramente a mensagem. E, por isso, não conseguem levá-la corretamente à prática.

Já falamos a respeito disso, mas é sempre bom relembrar, porque este é um ponto importante no aprendizado: nada é tão simples que não possa ser mal compreendido.

Exatamente porque muitos — até mesmo alguns críticos — não captaram perfeitamente bem como funciona a *Lei da Atração*, é importante que os detalhes fiquem bem claros.

Eu considero esse filme extraordinário porque é muito diferente de tudo o que costumamos ver. Tanto a televisão como o cinema estão mais voltados a mostrar exclusivamente problemas. Parece que, quanto piores e mais dolorosos, melhor para aumentar a audiência. Ao menos é o que parece, a julgar pela programação.

A mídia nos satura com intermináveis cenas de sangue, tristeza, psico e sociopatologias, enfim, uma série interminável de encrencas emocionais. E, por mais que exagere, sempre encontra uma forma de superar-se, carregando ainda mais nas tintas.

Por isso o documentário *The Secret — O Segredo* é uma obra rara. Destaca-se como a chama de uma vela em meio a um estádio completamente escuro.

Direto ao ponto

Aquela jornalista me entrevistou durante meia hora e, quando terminei de explicar o que era o famoso trinômio pedir-acreditar-receber, ela mesma já tinha adorado a idéia e disse que via "com outros olhos" o filme.

A Lei da Atração *afirma que "não se trata do que acontece com você, mas do que você faz com o que acontece com você",*

> *frase, aliás, de Stephen Covey, no* best-seller Os 7 hábitos das pessoas muito eficazes.
>
> *O modo como você reage aos eventos que cruzarem seu caminho, hoje, diz muito sobre o sonho que você busca.*

Vou raciocinar com você, como fiz com a jornalista, explicando como usar a *Lei da Atração* **sempre** a seu favor, para que seus sonhos se tornem realidade. Atenção, porque proponho uma nova abordagem!

O sucesso do documentário deixou bem claro o quanto todos nós estamos famintos por boas idéias para colocar nossas vidas em ordem e usar o máximo de nosso potencial.

Uso palavras ligeiramente diferentes das habituais, para dizer como você pode usar a *Lei da Atração* a seu favor, embora não tenha nada contra o uso dos termos usados por outras pessoas.

Embora inúmeras pessoas utilizem o trinômio *pedir*, depois *acreditar* e por último *receber*, em nossa língua, para o conteúdo de que tratamos, há palavras melhores e mais precisas, que prefiro usar.

Você e eu vamos redefinir, juntos, o significado da fórmula "peça-acredite-receba".

> *Para ser bem claro e completo no que diz respeito ao próprio tema, preciso dizer que há pessoas que usam a* Lei da Atração *a partir de uma visão "espiritual". São aquelas que conheceram o sistema por meio do casal Esther e Jerry Hicks, que foram consultores de Rhonda Byrne.*
>
> *Esther e Jerry promovem* workshops *sobre a* Lei da Atração *há alguns anos, como eu, mas seu paradigma é diferente. Eles dizem a mesma coisa que você lerá na maioria dos livros sobre*

esse assunto, entretanto creditam as informações sobre o funcionamento da Lei da Atração *a uma entidade plural, chamada* Abraham, *incorporada por Esther.*

Respeito quem segue essa linha, mas não é minha área, portanto não vou me aventurar nela. A Lei da Atração *que você está conhecendo aqui tem uma visão mais técnica e comportamentalista do sistema, minha especialidade.*

Mas a regra é igual. São palavras diferentes, que explicam a mesma coisa, a partir de uma ótica distinta. Só isso.

Quer uma sugestão? Conheça todas as visões e, depois, escolha uma delas! — a que lhe parecer mais confortável e natural para a sua perspectiva.

O que é, afinal, a *Lei da Atração*?

A *Lei da Atração* é um poderoso instrumento que tem por objetivo ajudar você a compreender e praticar, interna e externamente, comportamentos capazes de gerar os resultados desejados na sua vida.

Esses comportamentos são fundamentados em tudo aquilo que você *pensa*, no modo como você *sente* tais pensamentos e nas *ações* que você toma, ou evita tomar, com base nesses pensamentos e emoções.

Você faz uma coisa e provoca certa reação das pessoas e circunstâncias. Essa reação é aquilo que, no filme, é representado pelo que o Universo "entrega" para você.

Uma parte muito importante da *Lei da Atração* diz respeito à compreensão de que tudo o que você faz nasce primeiro na mente.

Portanto, se você quer que as coisas aconteçam de uma forma diferente do que tem sido a rotina em sua vida, precisa mudar seus pensamentos, dirigindo-os claramente para o que quer. Ao mesmo tempo, suas ações e emoções devem alinhar-se com esse desejo.

A revista *Superinteressante*, de agosto de 2007, começou assim um longo artigo, de 10 páginas, sobre a *Lei da Atração*:

> *Pense. Em qualquer coisa. Numa casa, por exemplo. Imagine-a pintada de branco, com janelas azuis e cercada por um terraço com escadas que levam a um jardim. Ali estão margaridas, girassóis e uma árvore frondosa.*
>
> *Nos 10 segundos que você levou para chegar até aqui, uma avalanche de sinais nervosos correu pelo seu cérebro. No córtex (camada periférica dos hemisférios cerebrais) milhares de neurônios foram acionados e trocaram informações em frações de segundos. Arquivos de memória foram vasculhados, e, sem que você pudesse controlar ou prever, a imagem de uma casa surgiu em sua mente. Por isso, você deve ter sentido um bem-estar, uma vontade de possuir essa casa de verdade.*

Um excelente início, que explica muito do que ocorre na mente quando temos nossa atenção dirigida para um determinado pensamento. A matéria de capa tinha, porém, o equivocado título de "O Segredo do Pensamento Positivo". Esse é exatamente o motivo pelo qual grande parte dos críticos atacou o filme.

A *Lei da Atração* não é pensamento positivo. Até porque desejar não é o bastante, mas vou tratar disso no próximo capítulo.

Discurso não cria paraísos

De qualquer forma, definir um desejo é apenas o começo, embora muita gente ache que só tem mesmo que passar uns minutinhos dizendo "eu quero isso" ou "eu quero aquilo" para que o que pretende se realize. No entanto, anos depois ainda estão reclamando que ainda não receberam o que pediram.

Uma passagem real, que aconteceu há alguns anos em São Paulo, ilustra bem esse ponto.

> *Abri o jornal e encontrei uma entrevista com um educador que, naquele momento, ocupava o cargo de secretário de Educação de um dos mais importantes governos estaduais do Brasil.*
>
> *Havia muitas reclamações quanto ao tratamento que as crianças estavam recebendo na escola, e o educador explicava ao jornalista que as crianças em idade escolar precisavam receber mais amor, mais carinho e mais atenção dos seus professores.*
>
> — E como esse problema vai ser resolvido? — perguntou o repórter.
>
> O educador respondeu: — Nós vamos ajudar os professores a "focalizar" seus pensamentos nas necessidades do aluno, oferecendo carinho, cuidados e amor para cada um deles. Com pensamento positivo vamos mudar isso.
>
> Então, o repórter fez a pergunta óbvia: — E se não der certo? E se os professores não tratarem as crianças com esse amor do qual o senhor fala?

> Ele não titubeou e disse: — Então nós vamos punir cada professor que não se comportar direito, até expulsando do serviço público, se necessário. *(destaque meu)*.
>
> *Nem preciso dizer que o tal pensamento positivo fracassou como pólvora molhada, não é? Se você diz uma coisa e faz outra, é sua* ação *que será "lida" pelo Universo.*

Não vou citar o nome do tal "educador" porque meu objetivo não é causar polêmica, apenas mostrar que pensamento positivo não funciona de maneira isolada. Tem de estar em conformidade e alinhado com *sentimentos positivos* e *ações positivas*.

Se alguém quer que os professores tratem melhor seus alunos deve começar tratando bem os professores, pois eles responderão da mesma forma em relação aos alunos. O exemplo é mais poderoso que milhares de palavras.

Veja que as respostas e as reações costumam seguir as ações, não as palavras.

Se palavras bastassem para criar o mundo, aqueles discursos que os políticos esbanjam em época eleitoral seriam suficientes para fazer com que vivêssemos no paraíso.

Vamos entender cada uma das principais palavras que formam a trilogia da *Lei da Atração* e como isso se aplica à construção do seu sonho. Quero que você me acompanhe na substituição por outras, mais adequadas.

Você vai notar que o que parecia fácil é ainda mais fácil do que você imaginava!

Não tenha medo do espaço que existe entre seus sonhos e a realidade atual. Se você consegue sonhar, consegue realizar.[6]

Belva Davis

6. "Don't be afraid of the space between your dreams and reality. If you can dream it, you can make it so."

Atraindo o conhecimento

Quando o filósofo Aristóteles conversava com seus alunos, passeando pelos jardins na Grécia, era comum que seus discípulos descobrissem que tudo o que haviam aprendido até aquele momento na vida estava errado.

Talvez você tenha essa mesma sensação ao entender claramente a aplicação da *Lei da Atração.*

Não se preocupe.

Isso apenas significa que você encontrou um caminho muito melhor, mais útil e mais poderoso de criar sua própria vida e realizar seus sonhos.

Para que você consolide esse novo aprendizado, em seu interior, vamos rever o que acabamos de descobrir na primeira parte de *O Segredo para realizar seus sonhos*, recapitulando o conteúdo principal.

Resumo da primeira parte

- Até hoje, você acreditou que seu sonho dependia de sorte.
- Este livro marca o fim de uma história em sua vida. Marca, também, o início de seu sonho. Você não é sua biografia. Você constrói sua biografia.
- A *Lei da Atração* usa algumas metáforas e alegorias para que você compreenda temas complexos de maneira simples e rápida.
- *Lei da Atração* não é pensamento positivo. Quem pensa isso não entende nem metade da fórmula.
- Duvide e questione tudo. Teste e aplique o que aprender, para descobrir, por experiência própria, o funcionamento da *Lei da Atração*.
- A mente só reconhece o que já conhece.
- A qualquer momento, há mais de dois milhões de bits sensoriais por segundo à nossa disposição. A mente filtra praticamente tudo, deixando passar somente 134 bits por segundo.
- O filtro SAR elege prioridades, ou seja, o que pensamos com maior freqüência, assumindo que seja uma prioridade para nós.
- Aquilo que fica mais tempo em nossa mente ganha o privilégio de ser "detectado" do ambiente, mas isso também se aplica aos nossos sentimentos e comportamentos.

- Errar é importante para o aprendizado, mas aproveitar os erros alheios é muito mais prático e recompensador.
- Para detectar e evitar os 13 erros principais no uso da *Lei da Atração*, procure por estes perigos:
  - » *Tentar controlar todos os detalhes para chegar ao seu sonho.*
  - » *Acreditar que "o que tem que ser será".*
  - » *Acreditar, mas não agir.*
  - » *Aconselhar-se com quem precisa de mais conselhos que você.*
  - » *Agir sem pensar.*
  - » *Acreditar em "sereias".*
  - » *Ter pressa.*
  - » *Acreditar que você é somente aquilo que enxerga.*
  - » *Desprezar sucessos intermediários, porque os acha pequenos, até mesmo insignificantes.*
  - » *Pensar que a vida é linear.*
  - » *Atingir seu sonho e não saber disso.*
  - » *Achar que você pode ter as rosas sem os espinhos.*
  - » *Ser manipulado e escolher seus sonhos inspirado em* status *e propagandas.*
- Você é o Universo. Portanto, cabe a *você* agir.
- A *Lei da Atração* é um instrumento que tem por objetivo ajudar você a compreender e ter comportamentos capazes de gerar os resultados desejados na sua vida.
- Esses comportamentos são fundamentados em tudo aquilo que você *pensa*, no modo como você *sente* tais pensamentos e nas *ações* que você toma, ou evita tomar, com base nesses pensamentos e emoções.

Noto, há muito tempo, que as pessoas realizadoras jamais se sentam no sofá e esperam que as coisas aconteçam. Elas saem e tratam de fazer com que as coisas aconteçam![7]

Elinor Smith

7. "It had long since come to my attention that people of accomplishment rarely sat back and let things happen to them. They went out and happened to things."

Parte 2

- Há três passos para construir seus sonhos.
- Você conhecerá cada um dos três em detalhes.
- Os nomes desses passos são: *Pedir*, *Acreditar* e *Receber*.
- Nós passaremos a usar outras palavras, em lugar dessas: *Pensar*, *Sentir* e *Agir*.
- Aposte nos melhores sentimentos. Sempre!
- Há um passo adicional para que os três anteriores funcionem. Chama-se *Flash de Força*.
- Chegou a hora de ingressar na segunda fase da criação de seu sonho.

Se você vê em sua mente, é o que terá em sua mão.[8]

Bob Proctor

8. "If you see it in your mind, you're going to hold it in your hand."

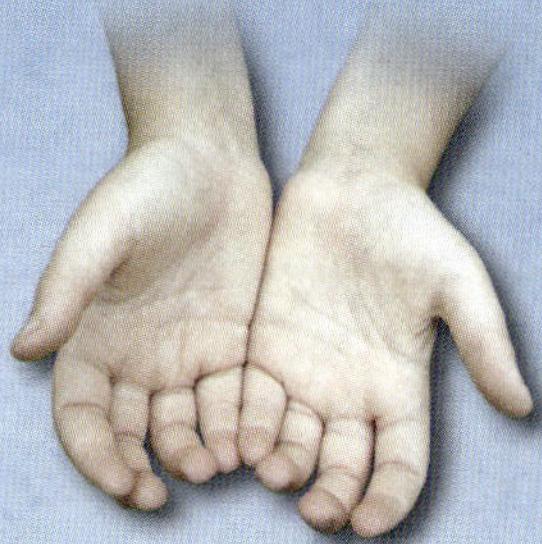

Pedir é Pensar. Você pede quando pensa

A primeira palavra a redefinir é PEDIR. Vamos substituí-la por PENSAR. Por quê? Acompanhe o raciocínio.

Muita gente acha que o ato de pedir exige todo um ritual, com um ambiente especialmente preparado, livre de ruídos e confortável. Então, bastaria ficar ali, imaginando o que quer para transformar cada desejo em pura realidade.

Não é desse jeito que a coisa funciona. Vamos ver como é, na verdade. O que você faz quando *pede* algo? Simplesmente pensa naquilo, usando palavras ou imagens. Concorda? Até aqui, nenhuma novidade. Mas é preciso ter claro que tudo começa com o pensamento. Ninguém manifesta uma intenção de outra forma. Primeiro, cria na mente.

> *Para ser congruente com a linguagem que usei ao falar dos 134 bits de informação por segundo que nossa mente consegue captar, posso dizer que cada um desses bits corresponde a um pedido.*
>
> *Por isso, ao elaborar qualquer pensamento, você está dando uma ordem ao seu cérebro para priorizar aquele assunto ou objetivo — seja uma pessoa, uma coisa, uma oportunidade etc. —, o que, por sua vez, vai gerar um tipo de emoção.*
>
> *Fixe muito bem esta afirmação que vou repetir: cada pensamento* que envolva ***um desejo*** ou um ***não-desejo*** *é um pedido*.

Assim será, independentemente da maneira como você expressa esse pensamento — seja no silêncio de sua mente, ou em ações como cantar, recitar, repetir, ler, falar. A forma não importa.

Claro que todos esses pedidos se misturam com outros milhões de pensamentos incidentais porque a mente nunca pára de funcionar. Acontece que, aos poucos, com a repetição de alguns, começam a surgir *padrões similares* ou grupos de idéias, os chamados *clusters*, que geram inclinações ou intenções em você.

Elas fazem com que você escolha determinados caminhos, em detrimento de outros. O ser humano segue padrões que ele mesmo define, mesmo que não esteja consciente disso. Acontece que essas escolhas definem os seus sonhos e, conseqüentemente, seu futuro.

O QUE VOCÊ ALIMENTA SE FORTALECE

Os *clusters* indicam o que é importante para seu cérebro, fazendo com que o Sistema de Ativação Reticular procure evidências e confirmações para suas crenças.

Nesse sentido, rezar é pedir, assim como praticar meditação ativa[9] também. Da mesma forma que estudar, tomar conhecimento das notícias, comentar a vida alheia, reclamar, discutir... tudo implica uma intenção, um desejo.

Basta pensar em algo, que isso automaticamente é um pedido.

Assustador, não é?

Você tem idéia do que anda pedindo, sem saber?

Acredite: as implicações são perigosas. Simplesmente porque muito do que você assiste, escuta ou lê é negativo e também está sendo pedido. Até o que você mais teme e rejeita, e por isso mesmo não consegue tirar da cabeça. Percebeu?

Daí a importância de usar sua mente de outra maneira, substituindo a enxurrada de tragédias que você engole diariamente por algo positivo, que conduza à evolução, a uma vida cada vez melhor e mais gratificante.

---

9. Algumas pessoas consideram meditar a ausência de pensamentos — um termo tecnicamente incorreto, pois qualquer criatura viva pensa. Quando alguém diz que "meditar é a ausência de pensamentos", refere-se apenas aos pensamentos elaborados e conscientes, já que a mente continua a funcionar. O termo meditaçao ativa é geralmente usado quando adotamos um "foco" durante a meditação.

Absorva essa informação e não se preocupe demais com o que se passou antes. Apenas mude seu cotidiano, escolhendo conscientemente o que vai absorver.

Nada de ficar diante da televisão, à mercê do que aparece. Só para dar um exemplo. Faça opções conscientes sobre tudo aquilo que cerca você. Defina bem o que vai assistir, ler, escutar. Selecione tudo o que conduza seus pensamentos ao que você busca.

Dê atenção ao que você realmente deseja.

PEDIR = PENSAR

É como aquela história, bem conhecida, do índio com dois cachorros na cabeça. Lembra o que ele dizia?

> *"Dentro de mim existem dois cachorros, um deles é cruel e mau, o outro é muito bom e dócil. Os dois estão sempre brigando..."*
>
> Quando então perguntaram ao índio qual dos cachorros sempre ganha a briga, ele respondeu: *"Aquele que eu alimentar."*

Assim é o Pedir. Se você Pensar, já está pedindo. Sempre.

Mas há outros cachorros dentro de nós. Temos o cachorro da preguiça, o cachorro que bebe além da conta, o cachorro que come demais, o cachorro que prefere fugir, o cachorro que quer brigar, o cachorro que não quer ter esperança, o cachorro que não confia em ninguém, o cachorro que tem pressa, o cachorro ansioso, o cachorro... preencha com o quiser. Certamente haverá muitos.

Dependendo do tipo de cachorro que você alimentar, ele crescerá e tomará conta de você.

Há, felizmente, outros cachorros. Há o cachorro alegre; o cachorro realizador; o cachorro que escolhe o que come; o cachorro que faz o que é certo; o cachorro que tem esperança; o cachorro que sabe que, se continuar agindo como deve agir, tudo acontecerá como deve acontecer; o cachorro que confia, o cachorro... acho que você já entendeu, não é?

Quais cachorros você pretende alimentar? Quais serão seus pensamentos dominantes?

PENSAMENTOS NEGATIVOS MASCARADOS DE POSITIVOS

Canso de ouvir pessoas dizerem que estão adorando essa coisa da *Lei da Atração* porque sempre acreditaram no *pensamento positivo.*

Justificam o fato de que ainda não conseguem os resultados que almejam, pois ainda não sabem "tudo" sobre *O Segredo.* Nada mais longe dos ensinamentos tão simples que conduzem, com certeza, à realização dos seus sonhos.

Lembre-se: *saber e não fazer ainda não é saber.*

Já afirmei, aqui, que *Lei da Atração* não é a mesma coisa que pensamento positivo, embora muita gente acredite que sejam sinônimos. É um erro que até a mídia vive cometendo, o que contribui para gerar mais confusão sobre o conceito.

Não tenho nada contra os pensamentos positivos. Ao contrário! Manter sua mente ocupada com eles é muito bom, mas não resolve a equação de *O Segredo*, que é simples, mas composta por três elementos indissociáveis.

Pensar é ver o máximo que conseguimos do nosso ambiente.

O mais corajoso dos atos ainda
é pensar com a própria cabeça

Coco Chanel — estilista

Significa saber onde estamos, mas sem reagir com fatalismo aos problemas, e sim responder a eles, com soluções positivas.

Pensar positivo se resume a manter o foco nas *melhores soluções* para os problemas. Não implica o uso de lentes cor-de-rosa para evitar uma realidade difícil de encarar. Apenas quer dizer que, mesmo considerando determinadas circunstâncias desfavoráveis, em tese a atitude é pela procura de uma perspectiva melhor.

Pensar em soluções positivas nos ajuda a entender qual o rumo a tomar, assumindo o controle da vida, sem permitir que ninguém assuma esse papel por nós.

Pensar em soluções positivas é, também, ouvir atentamente o que nos dizem, processando apenas o que é bom e significativo, concorrendo para que nos tornemos pessoas mais fortes, completas e felizes.

Pensar em soluções positivas significa, ainda, observar os problemas e perguntar imediatamente: *"o que devo devo fazer agora para melhorar isso?"*.

Ana, uma de minhas clientes, me procurou pedindo orientação para o que considerava um paradoxo. Em resumo: tinha muitos pensamentos positivos, mas isso a impedia de detectar problemas iminentes.

Ela sentia que sua vida profissional estava em risco. Um terremoto se aproximava. Mas evitava enfrentar isso, totalmente concentrada em gerar pensamentos positivos.

Já havia sido até alertada por uma amiga e em duros termos, diálogo que reproduziu em nossa conversa:

— *Pára com essa história de pensamento positivo, porque o trem vai passar por cima de você. Você está parecendo um avestruz!*

Fiquei ali escutando atentamente, até que ela perguntou:
— *Afinal, é melhor ter pensamento positivo ou negativo?*

Respondi com outra questão:

— *Imagine um avestruz com medo. O que ele faz?*

— *Bom... acho que enfia a cabeça na terra...* — ela respondeu.

— *Isso mesmo! Então, para começo de conversa, quem enfia a cabeça no buraco está querendo se esconder. Pode até alinhavar uns pensamentos positivos, mas na verdade está morrendo de medo, porque há algum perigo iminente. Aquilo que a gente teme é o que vamos atrair. E quando ele não tem medo?* — perguntei.

— *Sei lá. Acho que ele fica passeando, leve e solto!* — ela comentou, bem-humorada.

— *Exatamente! Em qual das duas situações você acha que ele é positivo, quando está leve e solto ou quando está com medo?*

— *Quando está... leve e solto, claro, Aldo!*

— *E você, Ana, está andando por aí leve e solta ou está com a cabeça enfiada em algum buraco, agora?*

— *É ... estou sim. É que tenho medo, mesmo!*

— *Então, Ana, se você está com medo é porque na verdade, em vez de ter pensamentos positivos, você está entregue a pensamentos negativos, embora disfarçados. Quando sente medo, mesmo que não admita abertamente, você atrai mais tensão, o que reforça o medo e o risco de que o que você mais teme realmente aconteça!*

É como as pessoas que querem tudo "para ontem" e estão sempre ansiosas por resultados. Acabam *atraindo mais necessidades de que as coisas sejam "para ontem" e continuam cada vez mais ansiosas.* Estão sendo negativas, embora imaginem o contrário.

A maioria das pessoas tem pensamentos negativos disfarçados de positivos, por isso não entendem os resultados que estão atraindo para suas vidas.

As profecias se realizam

Robert H. Schüller disse uma vez: *deixe que suas esperanças, jamais suas dores, definam seu futuro.*

Vamos a um exemplo bem simples e corriqueiro. Há gente que é possessiva no amor. Morre de ciúmes, embora tenha o discurso de pensamento positivo.

Mas, se está com ciúmes demais, o que é isso senão medo de perder a pessoa amada? Um medo tão grande que acaba gerando uma necessidade de posse, como se um ser humano pudesse ser propriedade de alguém. Resultado: o ciúme vai minando a relação, com o risco — esse, sim, verdadeiro — de um rompimento.

Possessivos tendem a gerar submissos ou a afastar a quem amam, rapidamente. Porque o medo de uma perda não-efetivada acaba criando clima pesado, de difícil convivência. Uma realidade negativa. E, claro, quando se tem receio de alguma coisa a reação é prevenir-se, fechar cada vez mais as entradas e saídas, criar um universo fantasmagórico. Uma ficção na qual você é quem perde. Um mundo de escuridão, quando a vida é leve e luminosa. Ainda mais para quem vive o amor em sua plenitude.

Então, o medo cria profecias que os comportamentos inadequados acabam tornando realidade.

Se temo perder alguém que amo e vou sufocando essa pessoa, chega um momento em que ela simplesmente vai embora. Cansamos de observar histórias assim, em nosso dia-a-dia. E a coisa vira um moto-contínuo, sempre reforçando nossos piores temores. Com o tempo, nossos erros tornam-se confirmações de nossas "previsões negativas", que criam novas profecias negativas auto-realizadas.

Quanto mais tempo passa, mais acreditamos e temos "evidências" de que estávamos certos — mesmo que isso seja apenas uma ilusão.

Imagine o contrário, só para perceber bem como funciona esse mecanismo: um casal que se ama e não viva assombrado com o medo de romper a relação. Se há equilíbrio, carinho e sabedoria, a tendência é que permaneçam juntos, porque o clima sempre será de compartilhamento e respeito. Só existem ganhos, não perdas. Mesmo que um dos dois ou ambos resolvam afastar-se, um dia. O tempo de convivência terá valido a pena.

A REALIDADE NASCE PRIMEIRO NA MENTE

Veja o caso real de uma professora, chamada Ayako Kuba Sakamoto, que com seu marido, Paulo Sakamoto, decidiu abrir uma escola de Educação Infantil em São Paulo, no ano de 1972. Ela usou exatamente esse sistema, para a criação da escola.

Ela não tinha dinheiro, mas conheceu e usou o poder de definir para sua mente aquilo que desejava. Nas suas próprias palavras:

> *O pensamento de abrir uma escola ganhava cada vez mais espaço dentro de mim. Dei início a uma pesquisa com amigas para verificar como andava esse setor.*
>
> *Eu queria abrir uma escola. Mas onde? Não tínhamos dinheiro!*
>
> *Nesse momento, Paulo teve uma participação fundamental em minha filosofia de vida. Meu marido sempre foi uma pessoa calma, não lembro de tê-lo visto uma única vez aborrecido por grandes preocupações. Foi com esse mesmo espírito sereno que me disse:*

"Primeiro você deve ter seu objetivo na imaginação; faça um projeto mental e coloque-o, inclusive, no papel, materialize-o! A nossa mente acredita no que você diz ao seu subconsciente e trabalha para que isso aconteça. Então mentalize seu projeto todos os dias."

Palavras sábias que me mostraram o quanto eu precisava dar mais atenção aos meus sonhos, aos meus anseios.

O ser humano é mestre em criar empecilhos para realizar seus sonhos, tanto que resiste ao exercício de visualizá-los.

Depois de algum tempo, mesmo ainda não tendo nem mesmo um aluno, tomei uma decisão:

— Vamos bolar o uniforme da minha escola!

Parte do dia eu dedicava agora ao meu novo projeto — o Jardim Escola Criança Feliz, que montamos na garagem de nossa casa. Em resumo: acomodávamos vinte alunos.

Eu ainda nem havia pensado na possibilidade de aumentar a escola, claro. Nosso único espaço era a garagem, e faltava dinheiro para comprar um terreno.

Porém era preciso ter o objetivo na imaginação, e meu marido tratou logo de desenhar a planta de um prédio com cinco salas: três em cima, duas embaixo, um canto para o bebedouro, "aqui vai a escadaria"...

Perguntava-lhe, indignada, por que desenhava, se não tínhamos dinheiro para construir? Mas a vida me ensinou que Paulo estava certo.

Estávamos em 1974 quando iniciamos a compra de um terreno de um vizinho. Contratamos um pedreiro da região. Um dia peguei aquela planta que o Paulo havia rascunhado para que pudéssemos ter "na imaginação" a nova escola. E foi quando reconheci o poder de definir aquilo que queremos. Pois é, lá estava o que eu sonhara bem antes — havia ganhado vida e, no final, a escola real ficou muito parecida com a imaginada.

Foi assim que a professora Ayako Kuba Sakamoto começou sua escola. Passaram-se 35 anos, e aquele projeto feito em papel com lápis de cor se transformou no Colégio e Faculdade Brasília, de São Paulo, com milhares de alunos já formados e que nem de longe lembra aquele modesto início.

Do ano de 1972, há ainda um pilar que sustentava a garagem. Hoje representa um símbolo daquela conquista.

CUIDADO COM O PENSAMENTO!

Nossa mente cria profecias que se realizam! Cuidado, portanto, ao imaginar o pior. De tanto pensar em fatalidades, você as "atrai" para a sua realidade, por meio das decisões e ações que toma.

É importante, também, entender que o pensamento de medo atrai reações dos que nos cercam, de maneira a confirmar nossos temores. Isso acontece em qualquer área, incluindo a profissional — como era o caso da Ana.

Nossa conversa, aliás, continuou. Depois que ela admitiu o que realmente sentia, estava pronta para ouvir a seguinte história:

Vamos imaginar que temos três avestruzes. Um deles chama-se “*Depoispassa*”.

Depoispassa *é de boa índole. Um bicho alegre, sempre interessado em fuçar aqui e ali. De repente, vê que um trator se aproxima. Imediatamente enfia a cabeça na terra, com aquela sensação de segurança. Já não vê mais o trator nem escuta nenhum ruído, então está a salvo! Ali no escuro, parece que nada pode ameaçá-lo.*

De fato, não demora mesmo para que deixe de estar exposto a qualquer tipo de perigo. Mortos não correm risco... Sim, porque o trator passa por cima do pobrezinho.

O segundo avestruz chama-se Nadadebom, *exatamente o oposto do primeiro. É a negatividade em forma de ave. Sempre assustado, vendo perigos até no ruído das folhas balançando ao vento. Um bicho estressado.*

Nadadebom *vê o trator e fica paralisado, os grandes olhos quase saindo das órbitas. De fato,* Nadadebom *acredita que a vida é uma sucessão de tormentos. Os desastres estão aí só esperando a gente passar para cair em cima. De manhã, quando abriu os olhos,* Nadadebom *já viu que o tempo não estava “nada bom”. Decerto, nenhuma promessa de coisa boa...*

Quando o mortal trator se aproxima, ele enxerga a confirmação de seus piores pesadelos. Sem condições de fazer um movimento, Nadadebom *se dá por perdido, certo de que nem adianta tentar correr, porque aquela coisa enorme vai alcançá-lo em um segundo. O que, de fato, acontece. Não sobra nem um osso inteiro do fatalista, impiedosamente esmagado pela máquina, depois de imaginar aquela situação nos mínimos detalhes...*

O terceiro avestruz é o Temsaída.

Temsaída *não sabe o que é pensamento positivo ou negativo. Mas gosta de praticar a* solução positiva — *aquela que tira você de um lugar de onde você quer sair e leva para onde você quer estar.*

Temsaída *também vê que o trator se aproxima, e identifica o perigo.* Imediatamente *como se pensasse "para onde eu vou agora?", trata de se mexer. Certo de que consegue escapar, não desiste de tentar. Sai correndo e escapa de morrer esmagado como seus dois companheiros.*

Temsaída *vê sempre as soluções positivas. Mas está sempre alerta para o que acontece ao seu redor. Ele encara a realidade e quando há perigo não fica ali esperando ser alcançado, trata de dar no pé! Sente que é hora de sair em busca de um lugar melhor. Ele age! E permanece vivinho da silva, enquanto seus amigos já estão tocando harpa no céu dos avestruzes.*

Deu para entender, Ana?

A ação faz a diferença

De nada adianta sentir medo, enterrando a cabeça na areia para fingir que os problemas não existem. Quando eles surgem é preciso encará-los, com uma atitude positiva, de quem está em condições de superá-los, modificando o contexto. Quanto mais cedo for feito o movimento, melhor!

O medo atrai o medo.

Não há como fugir dessa conseqüência. Por isso, muita gente que diz ter pensamentos positivos caminha cada vez mais para o abismo — não admite o medo nem o perigo. Trata de mascará-los, na esperança de que a maquiagem funcione como antídoto. Bobagem!

— *Então isso não funciona?* — Ana perguntou.

— *Depende, Ana. Se o problema estiver confinado à mente da pessoa, funciona sim. Se o trator fosse de brinquedo,* Depoispassa *estaria vivo. Mas, para problemas reais, é melhor você ser como* Temsaída: *positivo e ativo.*

Todos temos um pouco de *Depoispassa*, *Nadadebom* e *Temsaída* dentro de nós. Ninguém é 100% uniforme, em um mesmo sentido.

Somos uma grande mescla de características, mas podemos alterar os percentuais, eliminando completamente o que nos derrota. Só depende de nós, de nossa vontade e, claro, empenho.

Livre-se de seu *Nadadebom* interior. Ele é um inimigo mortal. Nada menos que um terrível sabotador.

Depoispassa é aquele nosso lado que adora ver a vida com óculos cor-de-rosa. Quando as coisas vão bem, essa atitude é interessante, mas não pode substituir o olhar franco e firme sobre a realidade, porque, se aparecer um perigo real e consistente, teremos de enfrentá-lo. Não vai adiantar nada ignorá-lo.

Melhor mesmo é apostar todas as suas fichas no *Temsaída*, que trabalha com o pensamento positivo, *mas a ele acrescenta a prontidão para agir, a energia e a emoção.*

Tudo o que é necessário para transformar o mundo. Inclusive, e principalmente, a disposição de fazer a sua parte, porque nada acontece por geração espontânea. Uma parte é desejo, outra, sentimento, outra, ação.

Por isso, a união do pensamento positivo com a ação positiva nos leva a procurar o que há de melhor em qualquer situação, achando que ainda é possível aperfeiçoar mais o que ali está.

Pensar positivo é *parar de focar sua mente naquilo que você não quer.* Deixe de lado o que você sente de negativo em sua vida. *Pense naquilo que você quer, no que é positivo.*

Um ótimo exercício para isso é usar a *Lista do Sim ou Não.* Também chamada de Lista de Substituições, ela permite a você descobrir aquilo que deseja e as palavras positivas a dizer e pensar quando sua mente insiste em focalizar aquilo que você não quer.

A *Lista do Sim ou Não* é ótima para que você possa mudar seu foco do negativo, daquilo que você não quer, para o positivo, que você quer.

Observe a *Lista do Sim ou Não* na página seguinte e use-a para escrever, todos os dias, aquilo que precisa ser alterado para que seu sonho se realize.

Ótimo, agora você começou a dominar o conceito de soluções positivas, além de ter entendido que seus pensamentos são essenciais para a aplicação da *Lei da Atração.*

Mas o pensamento não é tudo.

Pense em um tripé, desses de câmera fotográfica, em que cada uma das pernas tem um papel fundamental no equilíbrio da máquina que sustenta. Pois bem, a *Lei da Atração* também está equilibrada sobre um tripé.

Faça uma cópia deste exercício, usando-o *para relacionar os pensamentos negativos que deseja transformar em pensamentos positivos.*

QUAIS PENSAMENTOS DESEJO TRANSFORMAR?

Para saber o que você quer, o que você busca e o que você deve manter em sua mente, vamos usar um truque. Chama-se exercício do *Sim ou Não.*

Na coluna da esquerda, escreva aquilo que NÃO quer. Evite dizer aquilo que você escrever nessa coluna. Já na coluna da direita, substitua por aquilo que você *quer.*

Por exemplo:

Não diga "*odeio gente grosseira*" diga "*adoro pessoas gentis*"

Não diga "*não posso comer carne*" diga "*adoro comer legumes no vapor*"

Não diga "*não posso tomar sorvetes*" diga "*posso comer iogurte com frutas*"

NÃO QUERO (sim)	QUERO (não)
....	....
....	....
....	....
....	....
....	....
....	....
....	....
....	....
....	....
....	....
....	....
....	....
....	....
....	....
....	....
....	....
....	....

O pensamento é apenas um desses pés. Se os outros dois também estiverem bem ajustados, no lugar certo, a câmera não vai cair, e a *Lei da Atração* fará seu trabalho, sem desapontar você.

Vamos entrar no âmago da *Lei da Atração*, para entender o que é e como funciona, e você então possa aplicá-la com sucesso a seus sonhos. Agora.

As melhores coisas deste mundo não podem
ser vistas ou mesmo tocadas.
Elas precisam ser sentidas com o coração.[10]

Hellen Keller

10. "The best and most beautiful things in the world cannot be seen or even touched. They must be felt with the heart."

Sinta seu sonho

Acreditar é sentir as emoções associadas ao que tanto deseja

A segunda palavra que vamos redefinir é ACREDITAR. A partir de agora, vamos substituí-la por SENTIR.

ACREDITAR = SENTIR

O que é acreditar, se não sentir?

Você já escutou alguém dizendo que "sentiu" Deus ou "sentiu" a presença de uma força ao seu lado enquanto enfrentava algum desafio?

É capaz de você também já ter dito isso.

Muita gente não se dá conta, mas realmente *sentir é acreditar.*

Embora a fórmula da *Lei da Atração,* como é tradicionalmente apresentada em vários livros, ensine que você deve acreditar naquilo que pediu, em nossa língua surge um problema.

A palavra acreditar tem dois significados diferentes. Um deles é racional, lógico e baseado no histórico do objeto dessa crença, seja uma teoria, um fato, uma pessoa. Então, com base em determinados elementos, é possível dar crédito, ter confiança, ter como verdadeiro.

O outro significado é totalmente emocional, tem a ver diretamente com os sentimentos e, portanto, não exige o uso da lógica.

A diferença é sutil, mas, quando alguém diz que você deve "acreditar" em algo ou alguém, a tendência é remeter a um processo mental, ou seja, aquele que teoricamente se enquadra na categoria do "pensar". Mas, para acreditar de verdade, você tem de sentir. A emoção é imprescindível. Surge naturalmente. Faz parte do processo.

FUNDAMENTAL É A EMOÇÃO

Vamos a um exemplo para deixar o tema bem claro.

Digamos que você conhece, há vários anos, um homem que acaba de ser acusado de roubo. Ele olha para você e nega a acusação.

Ao escutar isso, sua mente pode levantar milhões de pequenos detalhes dos contatos que teve com ele, percorrendo todas as suas vivências comuns ao longo do tempo, à procura de algum indício que possa afastar ou confirmar a acusação de que ele está sendo vítima agora.

Se não encontrar nada que o desabone, pode acreditar nele justamente com base nesse histórico que acabou de fazer. Portanto, você pode dizer: eu acredito em você.

Mas esse foi apenas um processo mental. Você acredita na palavra daquele homem exclusivamente por uma razão lógica: seu histórico.

Essa é a acepção de acreditar, em português.

Agora, imagine que você nunca viu o acusado antes e ele repita a negação, encarando você direto nos olhos. Sem um histórico desse homem, nem compartilhamento de vivências, você até pode fazer um julgamento — acreditando ou não na palavra dele — com base no que sentir.

Você baseará sua conclusão, portanto, no sentimento, pois não há uma razão lógica para sustentá-la.

Isso também é acreditar, em português.

Portanto, quando usamos essa palavra, é preciso saber se se refere à crença mental ou à crença emocional.

Embora possa haver engano, nos dois casos, as características do processo mental e emocional são bastante diferentes.

Talvez você acredite no acusado desconhecido e ele de fato seja inocente. Ou pode ser que você esteja diante de um refinado ladrão, mas excelente ator. Talvez você acredite no acusado conhecido, e, não obstante seu histórico de idoneidade, agora ele seja culpado — talvez tenha sido seu primeiro roubo.

Considere, portanto, a existência destes dois tipos de "acreditar", o racional e o emocional. É importante que você fixe bem esse conceito, para seguirmos adiante.

Emoções — A base do acreditar

Boa parte do que é escrito a respeito não esclarece bem esse ponto, e ele é fundamental! A *Lei da Atração*, quando se reporta a "acreditar", refere-se a sentir.

Então, quando eu digo aqui que você deve **acreditar** estou me referindo, *exclusivamente*, ao segundo tipo de crença, o **sentir**.

Estou sendo repetitivo porque você deve entender isso de modo cristalino. A *Lei da Atração* não exige que você se convença de algo, mentalmente. A lógica não vem ao caso. Nem é preciso insistir, como os mantras indianos, na tecla "eu acredito, eu acredito". Nada disso.

Na verdade, você pode até duvidar de que as coisas possam dar certo.

> *Quando sonhei com a idéia de viajar para os Estados Unidos, mesmo sem ter dinheiro nenhum, eu realmente duvidava de que isso fosse sequer provável. Então, racionalmente eu não acreditava.*
>
> *Por outro lado, eu pensava na viagem todo o tempo e, mais importante, sentia a viagem. Visualizava, participava e agia como se eu fosse viajar. Em outras palavras, emocionalmente eu acreditava.*
>
> *Pois é, você pode ter dúvidas quanto aos acontecimentos (qualquer pessoa inteligente tem), mas a chave é* ter certeza do que você sente quanto ao seu sonho.
>
> *Você realmente quer esse sonho? Sente as emoções necessárias para chegar lá? Está repetindo as ações como se já estivesse tudo acontecendo? Então, é isso o que conta.*

Lembre-se de que no começo você pode até duvidar de que as coisas possam dar certo. Só não pode desistir!

É exatamente por isso que dizemos que você não precisa "acreditar" na *Lei da Atração* para que ela funcione. Ela funciona independentemente do que você acha. Funciona como a Lei da Gravidade. O que você pode — e deve! — é usá-la a seu favor, seguindo a fórmula que estou dissecando aqui.

Como despertar as emoções

Sentir, aliás, é muito mais fácil do que raciocinar. Vem naturalmente. Vamos por etapas. Por enquanto, basta você compreender o que já tratamos até aqui. Para realizar seus sonhos, mesmo os mais inusitados, você tem de acreditar. Mesmo os improváveis têm todas as chances de concretizar-se!

Isso é normal, mas é imprescindível que você execute corretamente os passos que explico aqui. Acreditar, a partir de agora, será chamado de Sentir. Quando você sentir, estará acreditando.

A parte mais fácil e divertida da *Lei da Atração* é gerar as emoções a respeito do que está virando realidade

Vamos lá: o que desperta fortes emoções em você, fazendo com que morra de rir, chore copiosamente, reflita com profundidade?

As respostas mais comuns costumam ser:

- Filmes
- Programas de televisão
- Músicas
- Livros
- Fotografias
- Palestras
- Teatro
- Eventos
- Videoclipes
- Pessoas
- Lembranças
- Imaginação

Você pode aumentar essa lista o quanto quiser com suas próprias preferências, desde que realmente emocionem e que você saiba discernir muito bem o que lhe desperta sensações *positivas* e o que lhe desperta sensações *negativas*. Tudo isso está ancorado em você.

O poder da imaginação

Há algum tempo, a revista brasileira *Ciência Hoje*, do Instituto Ciência Hoje,[11] publicou um interessante artigo sobre a influência da imaginação e como o corpo acredita nesse poder. O artigo, escrito por Renata Moehlecke, tratava de um estudo que indica que "o simples

11. Informações adicionais em http://ich.unito.com.br/controlPanel/materia/view/3649

fato de alguém mentalizar a execução de uma tarefa ajuda essa pessoa a melhorar seu desempenho".

A conclusão foi resultado de experiências realizadas no Laboratório de Neurociências e Comportamento do Instituto de Biociências (IB) da Universidade de São Paulo (USP), em estudo coordenado pelo biólogo André Frazão Helene e orientado pelo professor Gilberto Xavier. Ficou muito claro, após a pesquisa, que "um treinamento imaginativo pode, de fato, aprimorar uma habilidade".

André Helene explicou que as áreas cerebrais ativadas durante o exercício de imaginação de uma tarefa estão muito próximas das áreas cerebrais ativadas no momento em que a tarefa está sendo realizada.

Segundo André Helene, "ocorre, por exemplo, uma elevação proporcional da taxa de batimentos cardíacos, de ventilação e de consumo de oxigênio quando pessoas se imaginam andando a 5, 8 ou 12 km/h".

O estudo também descobriu que você pode aprender usando a imaginação o que aprenderia tendo que passar pela experiência real. Isso ficou claro durante a execução de uma instigante experiência, descrita no artigo de Renata Moehlecke.

O estudo envolvia 24 participantes destros, separados em três grupos. O primeiro fez um treinamento real, o segundo teve de usar a imaginação para realizar a mesma tarefa e o terceiro não foi submetido a treinamento, somente fez a atividade, sem preparo nenhum. Os dois primeiros tiveram 40 minutos de prática.

Os oito integrantes do primeiro grupo foram colocados diante de um monitor de vídeo. Na tela, surgiam números de 1 a 4, seqüencialmente — da mesma forma que estavam impressos em quatro dedos de suas mãos, exceto o polegar.

E o que essas oito pessoas tinham que fazer? Apenas tocar o próprio polegar, com os dedos equivalentes a cada número que surgia na tela.

Os membros do segundo grupo ficaram diante das mesmas imagens, mas não podiam tocar os polegares, e sim apenas imaginar que estavam fazendo isso. Assim que criavam a imagem na mente, apertavam uma campainha, na mesa, para sinalizar a conclusão da tarefa.

Ambos praticaram durante 40 minutos.

O terceiro grupo de controle não foi submetido a treinamento, nem real nem imaginário. Apenas fez a tarefa.

Depois da prática, os três grupos foram testados para avaliação de eventuais diferenças de desempenho.

Veja o que diz o artigo sobre os resultados:

> *"Após 40 minutos de treino, o grupo com 'prática imaginativa' realizou cada movimento em 0,75 segundo, desempenho próximo ao do grupo de 'treino real', 0,70 segundo. Já o grupo de controle, sem treinamento, executou a tarefa em 1,05 s."*
>
> *"O treino imaginativo reproduziu também outras características do 'treino real'.* Cada dedo tem um tempo diferente para tocar o polegar," explica Helene. *"O dedo mínimo é o mais rápido, enquanto o indicador é o mais lento, no treino imaginativo e no prático."*

Esses dados, referentes a controle motor, mostram bem a importância do pensamento. Ele pode ser usado para tudo aquilo que acontece em sua vida.

Nós que trabalhamos com a prática da *Lei da Atração* costumamos nos referir a isso como "Ensaio Motor Visual", denominação usada pela NASA no treinamento de astronautas.

USANDO A MENTE COM EMOÇÃO

Vamos fazer um exercício prático, agora. Pode ser uma lista dos 10 filmes que tenham ligação com seu sonho, de alguma forma. Mas antes, uma reflexão como exemplo.

Digamos que você queira, ardorosamente, lutar boxe. Sim, eu sei que muita gente detesta esse esporte. Mas vamos lá...

Que tipo de estratégia você poderia escolher para criar emoções ligadas ao seu sonho? Veja algumas:

1. Assistir a todos os filmes da série *Rocky, Um lutador*, sempre que precisar de inspiração;
2. Criar um álbum de fotos e colar recortes de lutas e da vida de lutadores;
3. Pendurar na parede um quadro, que você possa ver diariamente, no qual vai colocando fotos suas, ao lado de centros de treinamentos ou de campeões desse esporte, de maneira que ajude a imaginar que esteja realmente vivendo, no presente, o seu sonho;
4. Ler biografias de homens que se tornaram lendas nesse esporte;
5. Montar um *blog* sobre o assunto;
6. Escutar trilhas sonoras de filmes com esse tema (as da própria série *Rocky — um lutador*, por exemplo).

Há inúmeras possibilidades. Essas são apenas algumas sugestões. Você pode fazer o mesmo com qualquer sonho, não importa qual seja, criando métodos para gerar emoções em relação a ele todos os dias.

É preciso que sejam **emoções positivas** e que você dedique ao menos uns cinco minutos diários a isso.

Não adianta assistir a um filme em que o personagem tem um sonho parecido com o seu, mas apesar de se esforçar furiosamente jamais consegue o que quer — fracassa, e sua vida perde todo o sentido. Escolha muito bem o que vai ver, porque há diretores de cinema especialistas em derrubar seus personagens. Aposte tudo no final feliz. É isso que interessa!

Então, voltando à minha sugestão, faça uma lista de 10 filmes que tenham a ver com seu sonho, TODOS com final feliz. Assista para inspirar-se. Envolva-se com as situações vividas pelo protagonista. Comemore a vitória com ele, como se fosse sua.

Vá até a próxima página e faça uma lista dos filmes que têm tudo a ver com seu sonho.

Se você ainda não conhece nenhum, vá até a locadora e passe os olhos pelos títulos, procurando algo que seja complementar ao que você busca. Procure na internet. Peça referências.

Depois, monte a lista e adquira esses filmes para ganhar uma força extra, naqueles dias nos quais você precisa de motivação e de sensações positivas.

Em seguida, há outra página com o mesmo objetivo, mas para fazer uma relação das músicas que podem ser usadas para compor a trilha sonora do seu sonho.

Anote todas as músicas que geram sentimentos positivos em relação aos seus sonhos. Leve em consideração as letras, caso sejam em sua língua. E escute-as sempre.

Mantenha todas as músicas à mão e use esse artifício sempre que sentir que precisa de um empurrãozinho emocional, para avançar. Esse é um instrumento poderoso que está ao alcance de sua mão, basta selecionar.

O conteúdo é você quem escolhe, mas há de tudo, para tudo. Talvez seu gosto musical não combine com o gosto de outras pessoas, mas lembre-se de que essa é a trilha sonora do seu sonho. Descubra essa trilha e aproveite!

Vamos, então, à lista.

Faça uma cópia desta página, e use-a para relacionar os filmes que provoquem emoções positivas e estejam ligados ao seu sonho

Os filmes do meu sonho

Anote tudo o que pode gerar emoções positivas em você e que tenha algum tipo de relação direta (ou indireta) com seu sonho.

Principais filmes ou animações a que vou assistir sempre, para gerar associações positivas com meu sonho:

1 ....

2 ....

3 ....

4 ....

5 ....

6 ....

7 ....

8 ....

9 ....

10 ....

11 ....

12 ....

Faça uma cópia desta página e use-a para relacionar as músicas que provoquem emoções positivas e estejam ligadas ao seu sonho.

AS TRILHAS SONORAS DO MEU SONHO

Anoto a seguir as coleções de músicas, ou canções isoladas, que vou escutar sempre e gerar associações positivas com meu sonho. Podem ser trilhas musicais de filmes ou canções cujas letras motivem meu dia, alegrem minha vida.

1
....

2
....

3
....

4
....

5
....

6
....

7
....

8
....

9
....

10
....

11
....

12
....

Existe algo mais importante do que a lógica: a imaginação.
Se a idéia é boa, a lógica deve ser jogada pela janela.

Alfred Hitchcock

Aposte nos melhores sentimentos

Viu como, no capítulo anterior, descobrimos como podemos encontrar formas bastante lúdicas e fáceis de **sentir** e, portanto, **acreditar?**

Você não precisa fazer esforço, não precisa tentar enganar sua mente racional (os diretores de cinema e especialistas em música fazem isso por você) para ter, a qualquer momento, sua crença ancorada ao seu sonho.

Sinta e você acreditará. Sinta o que é bom, não o que gera desconforto. Fazemos uso da imaginação e da visualização nesse processo.

Embora seja simples despertar o que você deve sentir para atrair seus sonhos, podem surgir várias situações que evoquem sensações desagradáveis. Mantenha o foco nas emoções positivas, o tempo todo, descartando as demais.

Este exercício é gostoso e fundamental para que você dê vazão a seus projetos e reforce seus sonhos, mesmo quando o seu dia não seja o melhor e mais instigante. Quem gera sua energia é você! Da mesma forma, depende de você sentir o que quiser, sem se deixar abater pelo que leva ao derrotismo. Treine a alegria, o confortável, o que lhe faz um grande bem.

Aprendendo com as crianças

Iniciativa é essencial para que você realize seus sonhos, e também é muito fácil de ter. Só que o desafio é diferente.

Naturalmente, todos nós temos iniciativa. Acho até "engraçado" quando recebo informação de cursos que pretendem "ensinar" isso às pessoas. Jamais encontrei alguém que não tivesse.

Todos nós já começamos a fazer inúmeras coisas, mesmo que apenas por alguns minutos. Então, o problema não é ter iniciativa, mas *acabativa*.

Acabativa é a habilidade em terminar aquilo que começamos.

O jeito mais fácil de ter *acabativa* é imitar as crianças. Enquanto esperam seus presentes de Natal, elas pedem o que querem e ficam imaginando como será quando eles chegarem. Brincam e se divertem com eles, mesmo antes de tê-los.

É esse tipo de imaginação que nos dá força para obter o que desejamos. É vivenciar antecipadamente o que receberemos no futuro como se já estivesse aqui no presente. Claro, isso gera uma alegria imensa!

Eis por que é tão importante vivenciar emoções positivas associadas ao seu sonho. Mesmo emoções pequenas e simples.

Para ajudar nesse processo, quero que você fique atento, a partir de hoje, a todas as emoções positivas que sentir durante o dia. Desde o momento em que acordar, pense no que há de bom na sua vida. Esqueça os sentimentos que tentam derrotar você. Substitua-os.

É fácil, acredite. Mas treinar ajuda muito. Um dos exercícios mais repetidos pelas pessoas que utilizam a *Lei da Atração* é o *Diário da Gratidão*. O *Diário da Gratidão* não tem nada de piegas. É uma lista, bem-elaborada, das coisas pelas quais você sente mais agradecimento, agora mesmo. São muitas! Pense comigo. Você está vivo, quando a maior parte dos seres humanos que já nasceram no planeta morreu. Você tem o que comer no almoço, hoje. Você tem sonhos, ou nem estaria lendo um livro intitulado *O Segredo para realizar seus sonhos*.

Há, literalmente, milhares de coisas pelas quais sentir gratidão, hoje. Eu sei que, se você procurar, também há milhares de coisas pelas quais você pode sentir-se uma pessoa péssima, com tudo saindo errado. Afinal, o *SAR* em sua mente só deixa passar 134 bits de informação por segundo, lembra-se? Você enxerga o que quer enxergar. Aquilo que prioriza. Acontece que, ao focar sua mente na falta, na crise e em qualquer coisa ruim, suas emoções se tornarão confusas, caóticas e negativas, conduzindo à depressão e atrapalhando sua caminhada em direção ao seu sonho.

Para evitar isso, vamos colocar nosso próprio filtro, logo de cara. Faremos, agora, um *Diário da Gratidão* que você pode usar todos os dias. Capriche na sua lista de agradecimentos e deixe a relação em local bem visível. Volte a ela todos os dias, ampliando os itens — sempre haverá novos, você vai ver.

Na próxima página você encontrará o formulário para criar seu *Diário da Gratidão*. Comece agora. Mesmo que sejam poucos itens, só para treinar imediatamente.

Faça uma cópia desta página, e use-a todos os dias para registrar aquilo que lhe inspira gratidão. Atraímos aquilo a que somos mais gratos por ter.

EU SINTO CALMA, ALEGRIA E GRATIDÃO PORQUE...

Eu, ____, sinto alegria por acontecimentos bons, grandes ou pequenos, em minha vida. Sinto gratidão por minhas vitórias, não importa seu tamanho. Aprecio as palavras alegres e de incentivo que escuto de qualquer pessoa, a qualquer instante, por qualquer motivo, mesmo que não sejam ditas para mim. Isso talvez me acalme e lembre o quanto agradeço por uma a uma das coisas boas que vivencio.

A lista abaixo mostra algumas das coisas pelas quais sinto gratidão, alegria e calma. Elas aconteceram em _______________ do mês de ________________ do ano de_________.

Dia .... /......... ....

Dia .... /......... ....

Dia .... /......... ....

Dia .... /......... ....

Dia .... /......... ....

Dia .... /......... ....

Dia .... /......... ....

Dia .... /......... ....

Dia .... /......... ....

Dia .... /......... ....

Dia .... /......... ....

Dia .... /......... ....

Dia .... /......... ....

Dia .... /......... ....

ENTENDENDO UMA EMOÇÃO

Estamos falando de emoção, portanto vale a pena entender muito bem do que se trata. No dicionário, ela aparece com vários significados: ato de mover psiquicamente, estado moral com modificações físicas e repercussões mentais que podem ser poderosas a ponto de desorganizar funções intelectuais, comoção.

Podemos, porém, defini-la diretamente como *um pensamento ligado a uma sensação*. Só isso. Quando eu tenho uma sensação que é gerada por um pensamento, isso é chamado de *emoção*.

Então, toda vez que eu penso em alguma coisa e surge uma sensação, boa ou má, isso mostra que existe uma ligação emocional com aquele pensamento.

Podemos até criar uma fórmula para descrever isso:

P+S=E

Ou seja: eu *penso*, depois *sinto*, e isso gera uma emoção.

Posso até sentir *antes de pensar*, mas, se a coisa for consciente, vale a fórmula P+S=E.

Visto por esse ângulo, começa a fazer sentido o uso de âncoras psicológicas para que possamos sentir o que há de melhor. Essas âncoras são pensamentos que estejam ligados a sensações positivas. Quanto maior o número de sensações positivas ligadas ao nosso dia-a-dia e ao nosso sonho, mais rápido vamos transformando nosso mundo.

O *Diário da Gratidão* é um modo de gerar emoções positivas imediatamente, tirando de nossa cabeça as emoções negativas que, volta e meia, talvez teimem em ressurgir.

Mas há também outros dois sistemas. O primeiro, do qual gosto muito, chama-se *Diário de Vitórias*; trata-se de uma lista em que você registra, diariamente, todas as suas vitórias, não importa o tamanho.

O som da vitória

A idéia para o *Diário de Vitórias* surgiu quando me lembrei do tempo em que trabalhava vendendo a *Enciclopédia Britânica* e a *Enciclopédia Barsa*, de porta em porta. Trabalho nada fácil.

Sempre que um vendedor voltava da rua com um pedido assinado, ao entrar no saguão da empresa tocava um sino enorme — o som se espalhava por todos os andares do edifício, mas só nós entendíamos o que significava.

Era a sensação de vitória! Imediatamente, todos os funcionários aplaudiam e davam os parabéns ao bem-sucedido vendedor.

Considerando que cada enciclopédia custava cerca de 2 mil dólares, uma pequena fortuna quando convertíamos para a moeda corrente no Brasil, era mesmo para tocar sinos! Mas, falando francamente, sempre adorei a qualidade do que vendia. Elas eram sensacionais!

Embora eu me sentisse até constrangido pelo que muitas vezes considerava excesso de comemoração, admito que esse é um hábito fundamental, embora na maioria das empresas, escolas e famílias raramente se faça isso. Tem gente que não comemora nem as grandes vitórias. A coisa passa batido.

E marcar suas vitórias com emoções positivas é tão importante quanto marcar suas emoções positivas com registros de vitórias. Por isso, na próxima página você tem um formulário especial, o *Diário de Vitórias*, no qual anotará todos os sucessos que conquistar, dia a dia. Todos, sem exceção.

Pode ser um trabalho bem-feito. Pode ser o sorriso de uma pessoa desconhecida que cruzou com você na rua. Pode ser um aperto de mãos. Pode ser a sensação de ter terminado algo importante. Pode ser o fato de ter comido menos do que de costume, indicando que você caminha em direção a um estilo de vida mais saudável... enfim, não importa o que seja, você registra.

A escolha dos itens é sua. Se você acha que é uma vitória, então é! Mas não mostre para ninguém, pois essa lista é um segredo seu. Ninguém precisa saber o que você considera uma vitória.

Então, quando precisar sentir-se melhor, depois de uma tarefa estafante, ou quando as coisas não estiverem indo tão bem quanto você gostaria, simplesmente consulte o seu *Diário de Vitórias* e veja quantas coisas boas têm acontecido com você recentemente!

Sinta-as novamente. Sorria, você é uma pessoa vitoriosa!

Papel e caneta na mão. Seu *Diário de Vitórias* está na próxima página.

Faça uma cópia desta página e use-a todos os dias para registrar suas vitórias e senti-las. Quanto mais vitórias você acumular, mais vitórias atrairá.

Este é meu Diário de Vitórias

Todos os dias registro aqui todas as vitórias que vivencio, para que sempre possa tê-las em minha mente, a qualquer momento. Não importa o tamanho delas. Podem ser grandes ou pequenas, mas são vitórias. Minhas vitórias. São parte de minha existência. Lendo-as, lembro-me de que nasci para realizar, nasci para superar quaisquer dores, nasci para vencer, nasci para ajudar e nasci para crescer.

Eu, ________________________________, vivo pequenas e grandes vitórias, e esta lista mostra algumas delas, do mês de ________________ do ano de ______.

Dia .... /......... ....

Dia .... /......... ....

Dia .... /......... ....

Dia .... /......... ....

Dia .... /......... ....

Dia .... /......... ....

Dia .... /......... ....

Dia .... /......... ....

Dia .... /......... ....

Dia .... /......... ....

Dia .... /......... ....

Dia .... /......... ....

Dia .... /......... ....

Dia .... /......... ....

Quadro da Visão

Agora vamos rever uma coisa que é usada de modo equivocado pela maioria das pessoas que *pensam* que sabem usar a *Lei da Atração*. Estou me referindo ao famoso *Quadro da Visão*.

Trata-se de um quadro de avisos que você coloca em um local visível para que, todos os dias, veja aquilo que vai colocando ali. Até aqui, nenhuma complicação.

E o que você põe em um *Quadro da Visão*? Simples: imagens e coisas que remetam sua visão interna ao seu sonho.

Essa parte qualquer um entende. Por isso, há milhões de pessoas com *Quadro da Visão* em suas casas e escritórios, mas raramente alguém usa esse instrumento da maneira correta. A maioria das pessoas pensa que o que tem que ser feito é:

1. Recortar de revistas fotos e imagens das coisas que deseja.
2. Abarrotar o *Quadro da Visão* com tudo o que quer ter.
3. Pensar naquelas coisas todos os dias, olhando o *Quadro da Visão*.

Pronto. Agora é esperar para receber exatamente aquilo que foi pedido.

Na verdade, o *Quadro da Visão* tem o objetivo de fazer com que você colecione imagens precisas do seu sonho. Mas há algumas regras essenciais a seguir:

1. Escolha o mínimo possível de sonhos para colocar no *Quadro da Visão*.
2. Observe as fotos, *uma a uma*, por meio minuto, todos os dias.

3. Ao olhar para essas imagens, *imagine-se vivendo aquela experiência*. Vivencie as sensações que sentiria se estivesse naquela situação. Olhe as fotos com o coração, não com a mente!

4. *Sempre* se prenda às emoções que estiver sentindo.

5. *Nunca* se prenda ao formato dos objetos, a suas marcas ou detalhes.

Vamos entender melhor esse procedimento.

Quando você reduz os sonhos ao mínimo, mantém o foco e concentra as emoções no que é essencial, sem se dispersar.

> *Há pessoas que cultivam cinco mil rosas num mesmo jardim, mas não encontram a que procuram. E, no entanto, o que elas buscam poderia ser achado numa só rosa.*
>
> Antoine de Saint-Exupéry

De nada adianta abarrotar o *Quadro da Visão* de imagens que dispersem a sua força e espalham seus desejos pelos quatro cantos. Isso é perder foco e dissipar emoções.

As regras seguintes, a segunda e a terceira, também ajudam a manter o foco ajustado, além de viver emoções mais intensas, porque estão concentradas.

Lembra-se da experiência envolvendo o aprendizado mental citada pela revista *Ciência Hoje*? Pois é. Imagine e sua mente registrará como algo real.

Os dois últimos itens são os mais importantes, e você vai entendê-los com clareza. Vamos lá.

Prenda-se às emoções positivas que estiver sentindo

Entregue-se às melhores sensações. Então, se estiver imaginando um novo lar, veja-se à mesa do café-da-manhã, junto das pessoas que mais ama, em completa intimidade, todos alegres, rindo. Ancore-se no que isso desperta em você.

Prenda-se à emoção. Prenda-se à emoção. Prenda-se à emoção. Essa emoção é tudo o que você quer. Ela é seu sonho. Um sonho sempre são as emoções. Cada vez que olhar a foto no seu *Quadro da Visão*, prenda-se à emoção.

Mas *atenção, quando você se prende à forma, está criando uma armadilha fatal. Por isso:*

Nunca se prenda ao formato dos objetos, a suas marcas ou detalhes

Em outras palavras, liberte-se do "como".

Voltando ao nosso exemplo da casa, se a foto mostra uma residência de seis cômodos, com uma piscina retangular e uma linda parede branca, imagine-a em detalhes, mas jamais — nunca — prenda-se a eles. Os detalhes estão em seus pensamentos somente *para ajudar você a gerar emoções positivas*, não para impedirem que seu sonho se concretize.

Jamais, nunca prenda-se a esses detalhes!

Use as fotos para sentir as emoções de um lar, como se você realmente estivesse lá, mas não se preocupe em obter a cena exata na sua vida. *Liberte-se do como* e *evite amarrar-se em minúcias.*

Jamais se prenda aos detalhes.

Jamais se prenda aos detalhes.

Jamais se prenda aos detalhes.

Se você ainda não se casou e imagina o par ideal, *prenda-se às sensações de estar com a pessoa que será perfeita para você.* Pode até usar uma foto, para imaginá-la, mas lembre-se *de jamais prender-se à imagem da foto* e sim às sensações e emoções que a cena lhe inspira. Caso contrário, pode ser que você se atenha àquela pessoa e nem perceba que acaba de passar por você a pessoa perfeita, porque ela não tem nada a ver com a que está na foto.

Entendeu a diferença? Prender-se às sensações é ótimo. Prender-se aos detalhes, ao como, é desastroso.

Isso vale para tudo. De carros a relógios, de casas a computadores. Enfim, o que quer que seja. Importante são as emoções, não as imagens tais como se apresentam ali. O como é problema do Universo. O que ele enviar vai gerar as emoções que você deseja. É nisso que você deve manter seu foco.

Ótimo!

Muito bem, estamos indo de vento em popa. Agora, quero que você procure, em revistas, jornais, internet ou folhetos, imagens que criem associações positivas com a experiência de vivenciar seus sonhos.

As imagens só precisam ter sentido para você, e ninguém mais. Se não quiser deixá-las à vista, porque alguém pode fazer perguntas embaraçosas a respeito, proteja sua intimidade: cole em um caderno de desenho que você possa manusear sempre, criando um *Quadro da Visão* no próprio caderno. De preferência, abra todos os dias, em um determinado horário, olhando o que ali está. Imagine que está vivendo exatamente aquela experiência.

E alegre-se: sorrir é permitido e altamente recomendável!

Se não for problema para você, em vez do caderno, use o quadro de avisos e deixe pendurado na parede bem à vista. Com a mesma finalidade, de despertar sua imaginação e suas emoções.

Acho que já estamos nos entendendo, certo? Sinta e você acreditará. Agora você já sabe que pedir é o mesmo que pensar. Já sabe, também, que acreditar é o mesmo que sentir.

O próximo passo: Receber.

Um grama de ação vale mais do
que uma tonelada de teoria

Friedrich Engels

Receber é agir

A terceira palavra que vamos usar para compreender a *Lei da Atração* é AGIR (em vez de receber).

Por quê?

Receber pode dar uma idéia de passividade. Assim: bom, eu já pedi e acreditei, agora só preciso ficar onde estou para receber. Afinal de contas, o carteiro me entrega em casa o que vem para mim, os e-mails chegam à minha caixa postal eletrônica, as compras ao meu endereço... Normalmente, a palavra receber é compreendida dessa maneira.

Para a *Lei da Atração*, RECEBER É AGIR. Sempre.

A passividade não combina com o receber. É preciso que você vá até onde o que você pediu será entregue. E aceite, quando chegar.

Para aceitar — atenção a este detalhe, que faz toda a diferença —, você tem de reconhecer que a entrega está correta. Nem sempre as pessoas percebem que estão recebendo o que pediram.

Duvida? Mais adiante você saberá como isso é comum.

RECEBER = AGIR

Para que você entenda melhor, vamos fazer um paralelo com o futebol. Quando a gente assiste a uma partida, seja no campo ou pela televisão, dá para perceber que os jogadores gritam muito em campo. É o jeito deles de pedir aos companheiros que lhes passem a bola.

Vamos a uma pequena reflexão básica. Quem está em campo, em qualquer jogo de equipe, jamais vai pedir a bola se acha que pode errar e fazer feio diante da torcida, certo?

Portanto, quando você pede a bola é porque já *pensou*, em fração de segundos, que poderá fazer bonito, correndo com ela nos pés até conseguir um bom ângulo, driblando os adversários, para finalmente chutar direto ao gol, com ótimas chances de sucesso. É só olhar a rede estufando e ouvir o delírio da torcida para saber que deu tudo certo. Os aplausos e olés confirmam. E você se sente fabulosamente bem pelo sucesso.

Veja: quem *pede* a bola já *acredita* que pode fazer a diferença quando a receber. Mas, para isso, o jogador não fica parado. Sabe que o companheiro vai chutar para um determinado ponto *e se desloca ra-*

pidamente até lá, para alcançá-la. E aí sim, com ela nos pés, parte para a ofensiva, sem firula, como se costuma dizer na gíria do futebol.

A metáfora dos jogos é muito boa para ilustrar essa questão, porque ninguém fica passivo, seja qual for a modalidade de esporte escolhida. Tudo depende de comprometimento, vontade de ganhar e ação. Ninguém compete para perder. Mesmo em modalidades individuais. Imagine um tenista que fica ali parado, esperando que a bolinha venha à sua raquete...

O Universo funciona da mesma forma. E não estou sendo esotérico nem religioso. Apenas pragmático. Quase cartesiano.

Pense como uma pessoa de ação.
Aja como uma pessoa que pensa.[12]

Henri Bergson (1859-1941)

Então, nada de ficar aí, esperando a bola! Vá para onde a bola lhe será entregue.

Um de meus primeiros clientes, Aurélio, queria ocupar um novo e mais importante cargo na empresa em que trabalhava há cerca de seis anos.

Na primeira vez em que ele me procurou, já definiu claramente o que desejava mudar em sua vida profissional. Era exatamente conquistar essa outra função, porque poderia fazer o que mais gostava, usando muito mais a criatividade. Seu objetivo era trabalhar no departamento de marketing.

12. "Think like a man of action, Act like a man of thought."

> A Lei da Atração *diz que você deve descrever seu sonho em detalhes, para que fique claro, em sua mente, aquilo que você deseja realizar.*

Foi uma grata surpresa notar que ele já veio com a "lição de casa" feita. Sabia muito bem o que queria. Muitos clientes chegam apenas com idéias genéricas, sem uma boa noção de aonde pretendem chegar.

Durante nossas primeiras conversas, ficou claro que ele já havia pensado bastante no que desejava fazer: criar mostruários dos produtos da empresa em supermercados. Ele estava parado nesse ponto exato. E se queixava de que todos os contratados para aquele tipo de função vinham de fora, jamais dos quadros da própria empresa, como uma promoção de carreira.

Notei que, embora ele fosse bem firme quanto ao seu objetivo, comportava-se de maneira completamente oposta ao que pretendia. Sua conversa era mais ou menos assim:

> — *Eu quero trabalhar nessa posição, mas o departamento de RH da empresa* é uma droga, só contrata gente de fora. *O pior é que a* politicagem interna rola solta. *Só os* puxa-sacos *têm chance de subir. A gente logo vê...*

Depois de duas sessões, quando ele começou a insistir em "explicações racionalizadas" sobre os motivos pelos quais não tinha chances de ser contratado para assumir a posição que tanto almejava, decidi dar a ele um pouco de seu próprio "remédio" de volta. Então, o diálogo ficou assim:

— *Deixe-me entender melhor por que você acha que não será promovido, para depois montar um bom plano de sucesso. Vamos lá: você quer mesmo trabalhar no marketing, tem certeza?*

— *Tenho, 100%!*

— *Ótimo.*

— *O meu problema é que, atualmente, só os puxa-sacos têm chances de subir...*

— *Sei, é verdade, só puxa-sacos sobem atualmente...* — repeti, com firmeza e cara de quem concordava integralmente com ele.

— *E depois tem outra: o departamento de RH da empresa só tem incompetentes...*

— *É verdade, o departamento de RH da empresa só tem incompetentes* — devolvi, sem demora.

Ele se calou, de repente. Notou alguma coisa estranha, mas não sabia bem o que era. Olhou, deu um sorriso de viés e continuou:

— *Acho que lá eu não tenho futuro...*

— *É verdade, lá você não tem futuro* — retruquei, sério.

Ele deu uma bela risada e perguntou:

— *Então, você acha que podemos montar um plano de* coaching *para eu assumir a posição?*

Encarando meu cliente, olhos nos olhos, por alguns instantes mantive o silêncio. Aí, respondi sinceramente:

— *Não, acho que não.*

Ele franziu a testa, intrigado. Uma enorme interrogação apareceu em seu semblante.

— *Como assim, não pode?* — perguntou.

— *Veja, Aurélio. Essa empresa é péssima. O RH só tem incompetentes, portanto nenhum deles vai promover você, que além de tudo não é um puxa-saco e só quem é tem alguma chance de subir. Está bem claro que ali você não tem, mesmo, futuro. Então, para que assumir uma nova posição?*

Ele ficou meio constrangido por alguns segundos, então disse:

— *Bom, na verdade acho que estou exagerando na figura de linguagem. Não é um lugar tão ruim assim.*

— *Então, Aurélio, vamos começar novamente. Mas eu quero saber exatamente como é que você enxerga a empresa, realmente. O que anda repetindo para mim — e provavelmente também para seus colegas, no cafezinho, e para si mesmo, quando está sozinho — é que é uma droga. Se for mesmo, não vale a pena trabalhar lá.*

— *Tem coisas boas, mas também muita coisa ruim...*

— *Eu preciso saber se há coisas de que você gosta. Isso é o que importa. O que a gente não gosta, pode aceitar ou mudar. Não ajuda em nada ficar reclamando e fofocando pelos cantos. Isso é negativo. E só leva a resultados negativos.*

Quando superamos essa parte, expliquei a metáfora dos jogadores de futebol e perguntei:

— Você precisa fazer algum curso para assumir o cargo que tanto almeja?

— Sim, se eu for contratado, terei de aprender tudo sobre marketing de venda, além de ficar bem fluente em inglês, porque o pouco que sei não dá nem para o gasto. A pessoa que assumir o cargo volta e meia viaja para os Estados Unidos, em treinamento.

— Ué, por que você não faz o curso agora?

— Porque não vale a pena. E se eu não for contratado?

Mais uma vez, outra barreira: ele mesmo tornando inviável seu desejo, até em pensamento.

— Aurélio, você tem que correr até onde você acha que a bola será entregue. Tem que agir como se o cargo fosse seu, por isso, se vai precisar desses dois cursos, já devia ter se matriculado. Tem de se preparar antes, não depois. Como é que pode pensar em uma promoção se nem trata de cumprir os pré-requisitos? Vai ficar parado, no mesmo lugar, enquanto a bola segue lá para a frente, totalmente fora de seu alcance?

— Mas o curso de inglês leva três anos! Entrar sem garantir a vaga parece bobagem...

— Ué, mas você não está na empresa há seis anos? Teria dado tempo para fazer os dois cursos, folgadamente! Mexa-se! Corra para pegar a bola!

Ele ficou me olhando, meio confuso. Nem assim entendeu direito a mensagem. Permanecia em dúvida, mesmo depois de ouvir a verdade, com todas as letras. Ele próprio se condenando a permanecer no mesmo lugar, à espera de que a vaga lhe caísse no colo como um presente que ele ainda não tinha sequer condições de carregar.

A história desse cliente é interessante. E muito didática.

Ele demorou quatro sessões para compreender que tinha de se preparar para o cargo, antes de tudo. Era o primeiro movimento. Além disso, tinha de presumir que a bola lhe seria enviada, em algum tempo no futuro. Quando finalmente as fichas todas caíram, ele tratou de matricular-se nos dois cursos. E começou a freqüentar as aulas, com entusiasmo. Parecia um homem renovado. Nada de queixas. Abriu um horizonte que antes nem lhe passava pela cabeça.

Mas nada aconteceu, nos oito meses seguintes. Então, uma manhã toca o telefone. Era ele. Veja o resumo da conversa:

> *— Aldo, preciso te contar uma coisa sensacional!*
>
> *Semana passada, na aula de inglês, a professora deu um exercício pedindo a cada aluno que contasse um grande sonho, para um trabalho conjunto sobre o que desejamos. Eu então falei da vaga que almejava e que por isso mesmo estava cursando inglês e uma extensão para marketing de vendas, na faculdade.*
>
> *Disse que para chegar lá eu tinha resolvido me preparar bem, mesmo que o trabalho atual fosse bem diferente.*
>
> *Na saída, um colega de classe me chamou para conversar. É que na empresa na qual ele trabalha estavam procurando justamente alguém com o meu perfil. Ele me indicou para o teste. Acabei de ser contratado, para fazer o que tanto almejo com um salário muito maior.*

Se a gente não tivesse tido aquela conversa, eu ainda estaria parado, esperando as coisas acontecerem. Ainda bem que eu entendi que a gente tem que ir buscar a bola no local onde ela será entregue. Obrigado!

Veja que curioso. Ele não foi contratado para o tal cargo na empresa na qual trabalhava, mas sim em outra que buscava no mercado alguém como ele! Aproveite bem essa lição, porque é perfeita. Faça como o Aurélio, quando a ficha caiu. Não espere, não enrole. Para concretizar o seu sonho, você tem de fazer os movimentos, tomar decisões, agir enfim! Nada acontece sem ação.

Você tem de se comportar exatamente como o jogador de futebol que pede a bola e sai correndo para a posição em que ela será lançada. E, claro, em seguida continua fazendo tudo para chegar ao gol!

Esta é uma das chaves para aplicar a *Lei da Atração.* Você tem que ir aonde o Universo vai entregar aquilo que você pediu.

Você já deve ter visto muitas vezes, também no futebol, que um jogador pede a bola, alguém chuta para ele, mas a pessoa simplesmente não está na posição para receber. Resultado? Perde a chance, embora ela estivesse lá, para ele. Depois, não adianta se queixar. Aliás, lamúrias não levam a nada, senão a novas choradeiras.

O grande objetivo da educação não é o conhecimento, mas a ação.[13]

Herbert Spencer (1820-1903)

---

13. "The great aim of education is not knowledge but action."

Quando as pessoas compreendem isso, fica claro que não existe nenhuma passividade no sistema. Você tem de *sair do lugar em que está e ir para onde o seu pedido*, a bola da vida, será entregue.

Assim, para realizar seus sonhos você precisa:

1. Pensar no que deseja.
2. Sentir as sensações e emoções que estejam ligadas aos seus desejos.
3. Agir para ir "buscar a bola" no local em que será entregue.

Você é o guarda de trânsito

Quando há um congestionamento nas ruas da cidade, um guarda de trânsito não fica se queixando com seus colegas: "Puxa vida, que tremenda confusão, olha só os carros atravessados, impedindo a passagem do fluxo, que coisa!"

A tarefa dele é justamente agir bem rápido para acabar com a confusão. Assim, se ela surgiu porque um semáforo não funciona, ele vai lá e trata de garantir o fluxo correto de veículos. O guarda se concentra na *solução.*

Quem fala muito sobre problemas despende uma tremenda energia que poderia estar sendo usada para resolvê-los.

Discursar muito sobre algo que incomoda é o primeiro sinal de que você ajustou o foco no problema, não na solução. Altere agora mesmo sua atitude. Concentre-se em fazer o que deve ser feito para corrigir o curso. Movimente-se rumo à posição em que receberá a bola!

Lembre-se: as pessoas julgarão você por suas ações, não por suas intenções. Você pode ter um coração de ouro — mas um ovo cozido também tem. Intenções não são o bastante.

Anônimo

Concentrar-se nos problemas, com eternas queixas e lamúrias, reforça o lado negativo da vida e traz justamente o que você mais teme: os problemas. Além de atraí-los, afasta você cada vez mais do que é positivo, do que pode (e vai) mudar sua vida para melhor.

Você bem pode dizer: sim, mas os problemas existem! Não estou dizendo que não existam ou recomendando que você crie um mundo cor-de-rosa. Mas sim que *não fique parado aí*, olhando para eles como se nada mais existisse.

Você é o guarda de trânsito da sua vida. Se se concentrar apenas no congestionamento, ele só vai aumentar, e em dado momento nada mais fluirá. Deixe de ser vítima para assumir o controle de seus desejos e atos.

Mexa-se! Vá para o cruzamento e faça o que tem de ser feito para organizar o trânsito, até que fique uma beleza. Esteja no lugar certo, na hora certa. Você é que está no comando. Fale pouco, faça muito. E não espere.

Faça agora mesmo!

Como seria maravilhoso se ninguém esperasse um simples minuto antes de começar a melhorar o mundo.[14]

Anne Frank

14. "How wonderful it is that nobody need wait a single moment before starting to improve the world."

Flash de Força

PENSAR, SENTIR e AGIR. Tudo ao mesmo tempo, agora

Quando digo "*tudo ao mesmo tempo, agora*" pode soar estranho. Mas sabe de uma coisa? Parece que é assim mesmo que as coisas acontecem. Juntas. Pensar, sentir e agir simultaneamente. Ou em uma seqüência sem lapsos.

De fato, é como tem de ser. E por quê? Simplesmente porque é o cerne, o núcleo da *Lei da Atração* e de *O Segredo*, o chamado *Flash de Força*: mescla elementos poderosos, em uma mesma direção. Para tornar real o sonho.

A expressão *Flash de Força* é uma metáfora, claro, para evidenciar a importância do movimento conjunto. Só que nem sempre isso acontece de maneira tão transparente para quem entra em contato com esse conhecimento tão sutil.

Vamos começar pela compreensão e absorção de três verdades fundamentais:

1. Não basta pedir ou pensar naquilo que você deseja;
2. Não basta acreditar ou sentir aquilo que você deseja;
3. Não basta receber ou agir para obter aquilo que você deseja.

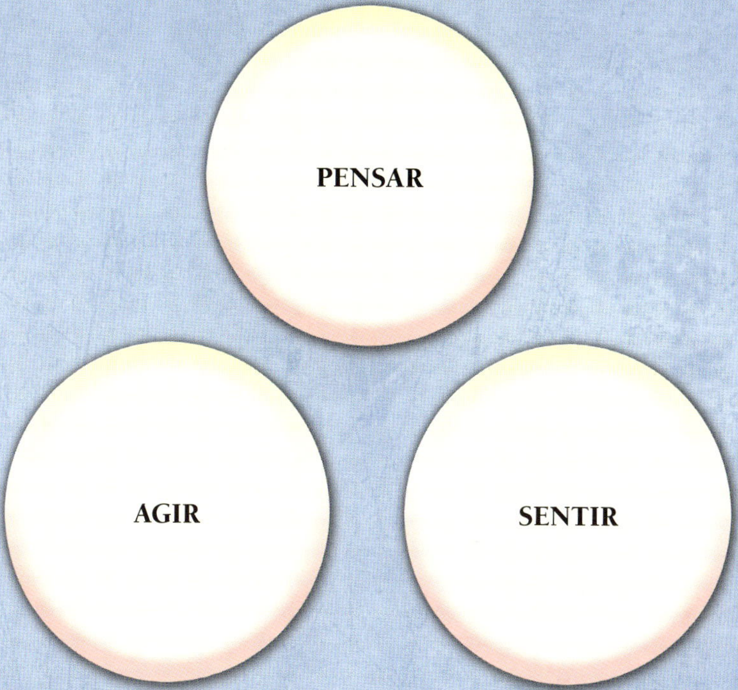

E por que não?

Exatamente porque, dentro de nós, essas três forças agem naturalmente, mas nem sempre todas na mesma direção. Na maioria das vezes seguem em direções opostas. Não é complicado concluir o que resulta dessa descoordenação: uma anula a outra, em vez de cada uma potencializar a outra.

Então, *o segredo do Segredo é alinhar essas três forças naturais, apontando-as para a mesma direção.* É o que torna o processo de viver extremamente fácil.

Ah, que delicioso chocolate!

Vamos ver o que acontece quando não estamos alinhados. Para isso, nada melhor que usar um exemplo bem corriqueiro, típico de nosso dia-a-dia.

Uma das forças é aquilo em que *pensamos*, nossa razão, nossos pedidos.

Se você não pode comer chocolates, por qualquer motivo, sua mente poderá pensar: *Não posso comer chocolates.* Esse é um pedido.

Mas se apesar desse "pedido" expresso você *imaginar o sabor e as sensações* que lhe desperta um maravilhoso sorvete de chocolate, escorrendo bem à sua frente, como uma sobremesa maravilhosa, com gosto de pecado irresistível, então *suas emoções caminham em sentido diferente do que a sua mente segue.*

Isso significa que, ao negar-se o chocolate, mas intimamente desejá-lo com intensidade, você está pedindo uma coisa e acreditando em outra (lembre-se de que *pensar é pedir*, enquanto *sentir é acreditar*).

Só isso já seria suficiente para anular o pensar e o sentir. Mas pode ser pior ainda. Imagine que você sabe que não pode comer chocolate, tem todas as sensações como se estivesse degustando uma daquelas sensacionais e aromáticas barras de que tanto gosta e por fim não agüenta e se entrega: acaba comendo mesmo!

Esse exemplo mostra bem o que acontece com quem precisa (e quer!) perder peso. Pensa que tem de evitar certos alimentos, lembra do sabor dessas delícias e se entrega a elas com sofreguidão.

Sabemos muito bem que os spas vigiam muito seus pacientes, porque à menor brecha eles encontram um jeito de sair da dieta. Mesmo estando, por livre vontade, em um lugar confinado para resistir às tentações...

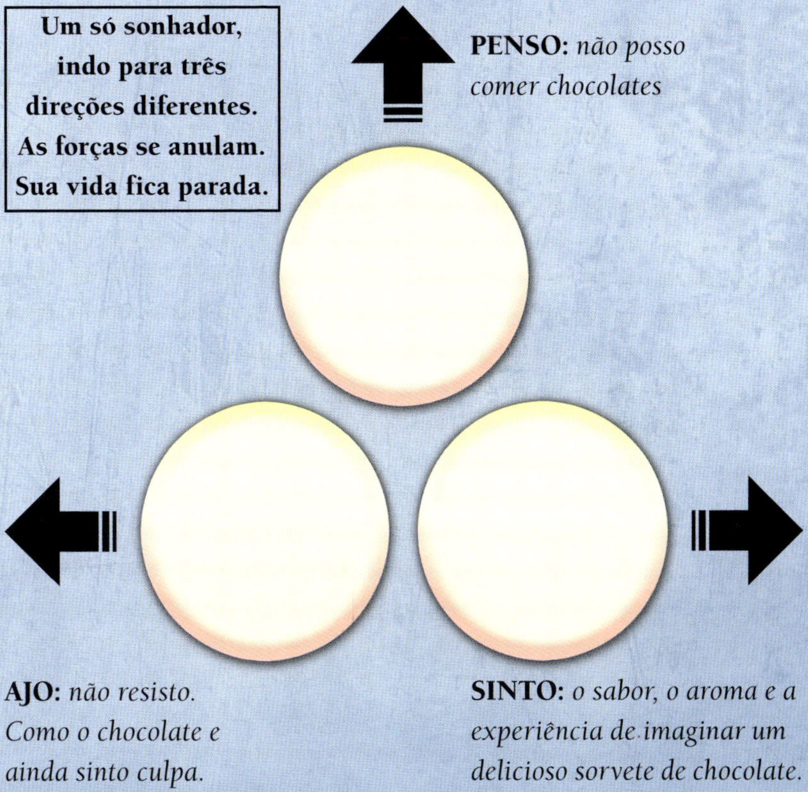

Além de criar uma força que anulará qualquer direcionamento (já que cada uma das opções da *Lei da Atração* estará dirigida para um lado), a pessoa vai ter de lidar com um outro sentimento — a culpa, por ter comido o que não devia.

E culpa é péssimo, pois atrai aquilo que você menos deseja.

Não querer é uma forma de querer. E aí está o perigo. Se você vive pensando no que não quer, adivinhe o que terá? Exatamente isso. Porque não pára de pensar na coisa!

Para resolver o problema e fazer com que sua vida mude e seus sonhos se realizem, elevando você a estágios muito avançados e gratificantes, é preciso — conscientemente — alinhar o que pensa com o que sente e o que faz.

Para começar, evite pensar que você "não pode comer chocolates". Pense que você *pode comer outra coisa saborosa* — por exemplo, um manjar branco!

É fundamental, portanto, que os três elementos se combinem e apontem para a mesma direção. A interseção entre o que você pensa, o que sente e o que faz gera um poder sem precedentes, exatamente o que chamamos de *Flash de Força*.

Se você pensa positivo, mas sente-se mal e se comporta de modo diferente do que pretende, usa as três forças em desarmonia. Nesse caso, nenhum pensamento positivo funciona, pois o *pensamento é apenas* a parte *racional* do conjunto.

Para usar a *Lei da Atração* você terá que ter os *pensamentos positivos, os sentimentos positivos e a ação positiva*, os três alinhados e gerando força concentrada, para a realização de seus sonhos.

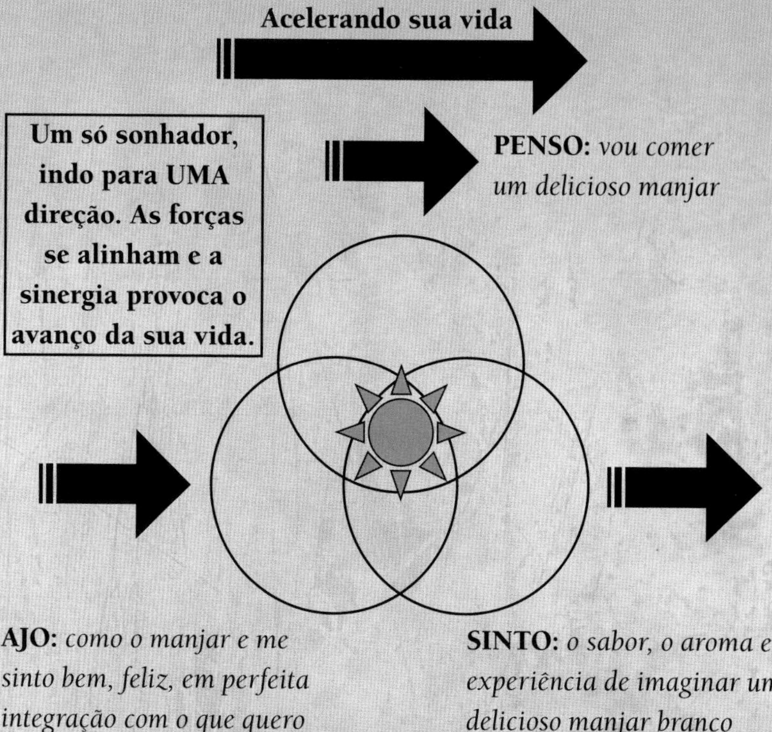

A metáfora do *Flash de Força* explica muita coisa relacionada à *Lei da Atração*, que realmente é simples, mas tem de ser entendida em toda a sua extensão. Não se trata de algo passivo, mas exatamente o contrário. Requer nossa vontade, mas também ação.

Por isso, quem imagina que ao pedir algo tem apenas que permanecer imóvel no sofá da sala, até que a coisa se materialize na sua frente, depois de algum tempo só terá queixas. Nada vai aparecer assim.

É importante frisar um ponto de que já tratamos, pois sem compreender o que significa realmente nada acontece. Quando você define um desejo, de nada adianta ficar repetindo ao infinito aquele querer. É preciso *focalizar o pensamento* no que você pretende, com *emoções positivas* e *agindo* como se já o tivesse alcançado.

Atenção: este detalhe é muito importante: agir como se já tivesse alcançado o seu desejo, porque isso ajuda a gerar mais emoções positivas e a reforçar o pensamento. Foi isso o que fez aquele meu cliente, que agiu como se fosse mesmo ser contratado para uma nova posição, fazendo os dois cursos de que precisaria (se fosse contratado). E ele foi contratado exatamente por estar fazendo os cursos.

Um círculo do bem, se podemos chamar assim. Uma coisa leva à outra, com resultados sensacionais. Então, depois de definir bem seu sonho, concentre-se nele todos os dias, pensando, sentindo e agindo com base no que quer. Isso criará o *Flash de Força*.

O *Flash de Força* em ação! Tom Peters muda de idéia!

Há alguns anos, quando eu ainda era repórter, fui contratado para entrevistar Tom Peters, o guru da administração de negócios, que desde a década de 1970 faz sucesso com suas idéias avançadas e polêmicas.

Um dos meios de divulgação de seu pensamento são seus livros, rapidamente transformados em best-sellers, a partir do primeiro: *Em Busca da Excelência*. Ele sempre esteve na contramão do ensino tradicional, provocador e instigante. Uma lenda viva da criatividade.

Ele era o principal convidado de um grande evento de gestão, realizado em São Paulo. Daria uma conferência que estava sendo ansiosamente esperada por uma ávida platéia. Assim, pensei, a ocasião é ideal para minha missão. Eu podia fazer a entrevista antes ou depois da palestra dele.

Pensei que seria ótimo. *Senti* que seria ótimo. Faltava a última etapa: *agir* de maneira ótima. Foi então que lembrei do *Flash de Força*. "É agora", imaginei, certo de que tudo sairia às mil maravilhas.

Passei a mão no telefone e entrei em contato com os responsáveis pela assessoria de imprensa do evento no Brasil. Ouvi a resposta padrão dada a muitos jornalistas que, como eu, haviam feito o mesmo pedido.

> — *Lamento, Sr. Novak, mas Tom Peters não agenda entrevistas, porque o contrato dele só prevê que ele dê a palestra. Ele chega, fala no evento e vai embora. Não haverá nenhuma outra atividade. Nem mesmo uma entrevista coletiva.*
>
> Sem desistir, retruquei:
>
> — *Quem sabe é possível abrir uma exceção para uma entrevista de cinco ou dez minutos...*
>
> — *De jeito nenhum* — a pessoa respondeu, intransigente. — *Às vezes ele até concorda em atender a pedidos dessa natureza, mas desta vez temos instruções precisas para não abrir nenhuma exceção. Desista. Outros jornais e revistas já entraram em contato, solicitando a mesma coisa, mas a resposta é sempre não, nem que a vaca tussa"*[15] — ela terminou, tentando fazer piada com a situação.

15. Expressão brasileira que, em algumas regiões, significa "de jeito nenhum".

Nossa, eu não escutava essa expressão há bastante tempo!

Se eu fosse como era antes de conhecer a *Lei da Atração*, desligaria o telefone e ficaria lamentando. "*Puxa, que pena... ao menos eu tentei.*" Mas agora eu havia decidido conseguir o que queria. "*Quem sabe ele não muda de idéia*!"

O uso do *Flash de Força* prevê que você deve fazer *ouvidos de mercador* para qualquer "não" recebido, continuando em busca do que pretende obter, mesmo que seja com uma pessoa diferente.

Por isso, depois de entender que não conseguiria obter a entrevista pela assessoria de imprensa, que permanecia irredutível na negativa, resolvi mudar de tática — da mesma forma que um bom vendedor, ao receber um não definitivo, muda de cliente imediatamente.

Era hora de usar "A Força".

Entrei na internet e visitei o site de Tom Peters.

Depois de procurar um pouco, lá estava um número de telefone, em Nova York. Liguei direto para lá, dizendo quem era e o que pretendia. Fui atendido por três pessoas, em seqüência, até finalmente obter o que queria: "*Este não é o número do escritório dele*, senhor *Novak. Nós apenas o representamos aqui em Manhattan. O número correto para que apresente seu pedido é...*"

Pronto! Eu havia conseguido o contato direto.

Liguei imediatamente, mas, devido à diferença de fuso horário, não havia ninguém no escritório.

O *Flash de Força* não deve ser esquecido. Quando você estiver buscando ou realizando algo, trate de escrever em sua agenda o que deve fazer na primeira hora do dia seguinte, caso ainda não tenha tido sucesso no que pretende. Continue tentando, sempre com a certeza de que vai conseguir!

Foi o que fiz. Liguei e poucos minutos depois já conversava com a secretária do próprio Peters. Expliquei o que queria. Receptiva, ela informou sem rodeios:

> — *Bem, senhor Novak, agora mesmo ele está em Hong Kong, em seguida viaja para a Argentina e o Brasil, sem passar pelos Estados Unidos. O senhor quer a entrevista antes ou quando ele chegar a seu país?*
>
> Eu disse que podia ser quando ele estivesse no Brasil, depois da conferência. A resposta dela foi a que eu queria ouvir:
>
> — *Ele deve me ligar hoje. Vou apresentar seu pedido. Se ele concordar, ligo para o senhor de volta, está bem?*
>
> Ela não me desanimou, apenas informou que a decisão era exclusivamente dele.
>
> No dia seguinte, toca o telefone. Era a secretária:
>
> — *Olá, senhor Novak. O senhor Peters concederá a entrevista, de 20 minutos no máximo, imediatamente após apresentar a conferência no Brasil, está bem para o senhor?*
>
> Uau! Vinte minutos! Era exatamente do que eu precisava.
>
> — *Claro! Está ótimo.*
>
> Antes de desligar, ela perguntou:

— Senhor Novak, a entrevista é exclusiva ou outros jornalistas podem assistir e participar? Não havia previsão de entrevista no Brasil, mas, como ele vai conceder esta, se o senhor permitir, podemos abrir para a participação de outros jornalistas?

— Sim, claro! É uma grande oportunidade para todos.

Ao terminar a conversa eu estava feliz. Mais uma vez vi que o *Flash de Força* funcionou como faca quente na manteiga.

Liguei para a assessora no Brasil. Contei o que havia conseguido e que a permissão era extensiva aos colegas. Por alguns segundos, ela pareceu incrédula.

— Mas ele foi intransigente, sempre negando quando tentamos convencê-lo a dar uma entrevista. Como você conseguiu?

Pensei um pouco e apenas disse:

— *Acho que foi sorte*, daria muito trabalho falar a respeito da *Lei da Atração!*

Quando Peters apresentou sua sensacional conferência, pude me preparar para o encontro em seguida, fazendo anotações.

Imediatamente após a apresentação ele foi para a sala de imprensa. Eu já estava lá, na primeira fila. Ao chegar ele perguntou:

— Quem é o senhor Novak?

Eu me apresentei, e ele novamente quis saber se eu estava de acordo com a presença dos colegas. Sim, confirmei.

— Ok, perfeito! Então, vamos lá.

E foi assim que consegui, não só para mim, mas para outros repórteres, uma excelente entrevista do homem que não *"dá entrevista nem que a vaca tussa"*. Um exagero, lógico. Tom Peters foi extremamente amável e respondeu com liberalidade a todas as perguntas.

Alguém escutou uma vaca tossindo por aí?

ESPAÇO, A FRONTEIRA FINAL

Embora possa parecer que o *Flash de Força* seja algo para ser usado em situações especiais, geralmente ele é mais poderoso quando usado incidentalmente, em tudo o que você faz, sem muita reflexão.

Em 1992, Cristiana Mattos Assumpção, professora de uma escola em São Paulo, passou pelo quadro de avisos do pátio e uma nota chamou sua atenção. Informava que a Universidade de Houston, nos Estados Unidos, estava selecionando 32 professores de todo o mundo para um programa vivencial, com duração de um mês, nas instalações da Nasa, a agência espacial americana.

Cristiana cresceu com o sonho de envolver-se com o desbravamento do espaço sideral, como milhões de jovens por todo o mundo. A pesquisa nesse campo sempre a interessou, influindo em diversas escolhas que fez na vida.

Ela mesma diz:

> — *Quando li que havia a chance de fazer um curso na Nasa, pago pela Universidade de Houston, todos os meus sonhos de infância e adolescência vieram à tona.*

Eu sabia que as chances estatísticas seriam baixas, mas pensei: "Se 32 professores de todo o mundo serão escolhidos, por que não posso ser escolhida também?"

Como acalentava o desejo de ir à Nasa desde muito tempo, Cristiana tratara de incluir em sua bagagem intelectual inúmeros conhecimentos que poderiam fazer a diferença. Já estava "correndo para receber a bola".

Outros professores, talvez tão preparados quanto ela, simplesmente nem sequer considerassem a possibilidade de ser selecionados. Na escola na qual ela lecionava, ninguém tentou. Exceto ela!

Naquele momento, quando tudo estava lá e bastava agir para completar o *Flash de Força*, Cristiana não pensou duas vezes. Ela agiu. Preencheu o formulário com todos os seus dados, enviou o currículo e escreveu uma carta explicando as razões pelas quais desejava ter aquela chance.

Alguns meses se passaram, e um dia chegou um envelope com selo de Houston, EUA. Cristiana fora a única professora brasileira selecionada para a bolsa na Nasa, com curso e material já pagos.

Aqueles poucos segundos em que ela leu a nota no quadro de avisos mais a sua ação imediata, em seguida, fizeram toda a diferença.

Ela realizou seu sonho.

Participou, com os outros 32 professores, do dia-a-dia do programa espacial, conheceu as equipes de terra e os astronautas; visitou e aprendeu o funcionamento do Centro de Controle Espacial — que tinha visto tantas vezes, em filmes e documentários — e viu a

Estação Espacial Internacional, que naquele momento estava sendo construída.

Ela também assistiu a várias palestras com os astronautas, viu simulações de vôos orbitais e recebeu muito material impresso e em vídeo, que poderia usar em aulas no Brasil. Cristiana conversou com a tripulação do ônibus espacial *Columbia*, por rádio, quando estavam na órbita da Terra, e no dia seguinte tomou café-da-manhã com todos eles, assim que voltaram do espaço.

Em seu diário da época, Cristiana escreveu:

Se eu tivesse que morrer hoje, meu maior sonho teria sido realizado.

Hoje, Cristiana Mattos Assumpção é Ed.D., Doutora em Educação, e trabalha em um dos mais importantes colégios do país. Quando conheceu a *Lei da Atração*, imediatamente lembrou-se dessa experiência que viveu.

O maior sonho de sua vida, até aquele instante.

Quando aquela força, aquela vontade interior de fazer algo surgir — não importa se há probabilidades ou não de dar certo —, faça o que tem de ser feito. Aja. *Imediatamente*.

É só isso!

É muito bom sonhar, mas é melhor ainda sonhar e agir.
Acreditar é poderoso, mas acreditar e agir é ainda mais poderoso. Desejar é de enorme ajuda, mas desejar e trabalhar para realizar seu desejo é invencível.

Thomas Gaines

Uma nova visão

Já vimos que a *Lei da Atração* é muito mais do que simplesmente pensamento positivo.

Vimos, também, que as palavras mais comuns aplicadas ao "Segredo" podem confundir e devem ser, idealmente, substituídas por outras. Em vez de dizer "pedir, acreditar e receber", dizemos "pensar, sentir e agir".

Compreendemos que é absolutamente poderoso aplicar os passos (pensar, sentir e agir) ao mesmo tempo, criando o que chamamos de *Flash de Força*.

Vamos recapitular o que aprendemos na segunda parte de *O Segredo para realizar seus sonhos:*

Resumo da segunda parte

- Pedir é pensar. Tudo o que passa por sua mente, goste você ou não, é pedir.
  - » Suas inclinações, ou intenções, surgem baseadas em *clusters* de pensamentos.
  - » Concentrar-se durante muito tempo em determinados pensamentos gera inclinações pessoais que definirão nosso destino.
  - » Seus pensamentos dominantes atrairão pensamentos complementares.
  - » Pensamento positivo é apenas uma parte da equação.
  - » O objetivo que temos ao pensar é encontrar soluções positivas para os enfrentamentos que surgem à frente.
- A ansiedade por resultados faz com que eles demorem a chegar, e, quando isso acontece, você vai querer algo novo, ainda mais urgente. Ansiedade atrai ansiedade.
- Medo atrai medo.
- Muitos de nós temos pensamentos negativos disfarçados de positivos.
- Se você acha que as coisas estão demorando para acontecer e fixa seu pensamento, sentimentos e ações nessa crença, a demora será maior ainda.

- Use sempre palavras positivas, pensamentos positivos, e procure soluções positivas. Faça a *Lista do Sim ou Não.*

- Acreditar é sentir.
  - » Para sentir, use a visualização que pode ser gerada por filmes, músicas, fotos, pessoas, lembranças e imaginação, entre outras coisas.
  - » Crie uma lista de filmes e músicas que sejam positivamente associados ao seu sonho.
  - » Se as emoções que chegam de fora forem negativas, use os filmes e as músicas.
  - » Crie uma lista de emoções positivas, com seu *Diário da Gratidão, Diário de Vitórias* e *Quadro da Visão.*
  - » Prenda-se aos sentimentos gerados pelos seus sonhos.
  - » Não se prenda aos detalhes do sonho, ou ao "como".

- Receber é agir.
  - » Levante-se do sofá. Sempre vá buscar o que você pediu.
  - » Comporte-se como se tudo estivesse funcionando, e tudo funcionará.

- *Flash de Força* é o nome dado ao conjunto simultâneo do pensar, sentir e agir.
  - » O segredo do Segredo não é pensamento positivo.
  - » O segredo do Segredo não é sentimento positivo.
  - » O segredo do Segredo não é agir positivamente.
  - » O segredo do Segredo é o *Flash de Força*, ou seja, tudo ao mesmo tempo agora. É nesse ponto que reside o verdadeiro poder.
  - » Pensar em uma coisa, sentir outra e agir de modo diferente paralisam você. Pensar, sentir e agir na mesma direção movem seu mundo e seu sonho, em alta velocidade, em direção a você.

Você tem que pensar em coisas grandes enquanto faz coisas pequenas, de maneira que todas as coisas pequenas sigam na direção certa.

Alvin Toffler

Parte 3

- Há um equívoco de que precisamos ter todos os recursos antes de iniciarmos qualquer sonho.
  Vamos ver que não precisamos de muito.
- Há um equívoco de que a oposição nos atrapalha.
  Vamos descobrir como tirar força da oposição.
- Há um equívoco de que posso ter meus desejos imediatamente.
  Vamos entender que tudo tem seu tempo.
- Há um equívoco de que tenho que esperar para viver meu sonho.
  Vamos implantar nosso sonho hoje, não amanhã.

Há momentos de planejar e há momentos para agir. Chegou o momento de agir. Vire a próxima página.

Anime-se e entusiasme-se com seu sonho.
Essa animação é como fogo na floresta — você pode senti-lo, sentir seu gosto e vê-lo a uma milha de distância.[16]

Denis Waitley

16. "Get excited and enthusiastic about your own dream. This excitement is like a forest fire — you can smell it, taste it, and see it from a mile away."

Construindo seu sonho a partir do nada, de lugar nenhum e sem nenhuma ajuda

Como alcançar o que deseja, se não há mapas nem indicações do caminho

Neste capítulo, você entenderá o processo de "tendência ao sonho" usado por todas as pessoas que sabem o que querem mas não têm nenhuma informação sobre como superar as etapas para chegar aonde querem.

O objetivo é que você evite cometer um erro muito comum, o de *tentar controlar todos os detalhes.*

Quem tem um "porquê"
sempre encontrará um "como".

Muita gente, ao definir um sonho, trata de planejar — em detalhes — a forma de chegar lá. Definir a meta, ou seja, onde, é perfeito. Fixar "como" você chegará ao sonho é errado.

Vamos relembrar aquelas etapas básicas:

- Estabeleça seu sonho em detalhes. Viva seu sonho. Conheça-o.
- Dê um passo *agora* na direção dele.
- Tenha a sua atenção para seu sonho, mas aproveite seu dia de HOJE.
- Esqueça os passos muito mais à frente. Deixe para lá.

Ninguém pode definir *a maneira* de chegar lá, apenas a direção a seguir. Sua *tendência* de vida. Como a da água, em meio à natureza, que segue seu caminho, sejam quais forem o terreno e a circunstância.

A tendência da água

A água que existe na natureza brota de fontes. Embora estejam em camadas subterrâneas, os veios vêm à tona em aberturas de terrenos montanhosos. Descerá, inexoravelmente, até o sopé. Sabemos muito bem disso. É a Lei da Gravidade. Mas *não podemos afirmar qual o caminho exato ela seguirá* até lá.

Pode ser que a água encontre uma pedra bloqueando a passagem. Como sua *tendência* é escorrer para baixo, não desistirá, procurando encontrar o ponto de menor resistência para continuar. Isso vai se repetir a cada obstáculo — se for um buraco, por exemplo, tratará de preenchê-lo até que chegue ao volume suficiente para transbordar e abrir sua nova trilha.

A água não define um itinerário fixo, ao jorrar da nascente. Apenas mantém sua tendência natural, em direção ao *alvo maior*, que é a base da montanha para seguir rumo ao mar.

Jamais desiste. Não reclama ao fazer desvios necessários. Mesmo que sejam longos e trabalhosos. Um bom exemplo é o do curso do rio Tietê, no estado de São Paulo. Ele nasce em um ponto da cidade de Salesópolis e percorre um imenso trajeto até desaguar em outro grande curso d'água, para depois chegar ao mar — seu destino final. A nascente, porém, está muito próxima do mar e, no entanto, não encontra meios de escoar diretamente para lá. Vai em frente.

Em sua vida acontece o mesmo.

Se você tem um sonho distante, um *alvo maior*, não desista caso surja uma pedra no caminho. Crie outro caminho, que lhe ofereça a melhor saída para circundar o obstáculo. Ele vai permanecer lá e você seguirá adiante.

Caso você caia em um buraco e tenha de passar algum tempo nele, não se preocupe. Apenas tome conta de si, reequilibre-se, estude a situação, aprenda o máximo possível com essa vivência e saia dele assim que puder, *continuando seu caminho exatamente como faria a água* que escorre da montanha. O importante é manter a sua *tendência*.

Há pessoas que se preocupam tanto com o "como" fazer algo que jamais iniciam a construção de seus sonhos, porque têm como premissa definir os mínimos detalhes do trajeto. Outras se fixam tanto no "procedimento" que esquecem do próprio sonho!

Liberte-se do controle. É impossível domar fileiras de dominós em queda livre

Quando eu era adolescente, mais ou menos com 12 anos, fiquei fascinado pelas probabilidades da vida. Eu lia e estudava tudo o que me ajudasse a compreender o mundo. Naquela época, comecei a cometer um dos maiores erros dos quais me lembro: acreditava que é possível "controlar sua vida".

Explico melhor, para evitar que alguém me entenda mal.

Sou um defensor da tese (e da prática, claro) de que sempre devemos influenciar nosso destino e nossas tendências, mas eu achava que existia controle *total* e *perfeito* de nosso futuro.

Isso não existe — *felizmente.*

Uma vez li um livro que explicava assim o método para atingir seus sonhos:

> *Comece pelo final e estabeleça o que você quer. Em seguida, volte no tempo e vá anotando todas as etapas necessárias para seu sonho, completando uma a uma, até o dia de hoje! Pronto, você já tem todo o caminho para seu sonho. Pode partir para a ação!*

A estratégia de começar pelo final, jamais pelo começo, parece perfeita.

Realmente, quando você deseja algo, seja pequeno ou grande, deve começar decidindo aonde quer chegar e que experiências deseja viver, enquanto estiver avançando em direção ao seu sonho. Isso faz todo sentido.

Mas a segunda parte da sugestão — *volte no tempo e vá anotando todas as etapas necessárias (...) completando uma a uma, até o dia de hoje (...) partir para a ação* — tornaria a vida — cá entre nós — extremamente monótona.

Na verdade ela é usada, por exemplo, para a criação de roteiros de livros e alguns filmes, assim como projetos empresariais.

Talvez tentar prever todos os passos fosse viável há alguns séculos, quando uma pessoa podia nascer, viver e morrer sem que praticamente nada mudasse muito ao seu redor. Hoje isso é inviável.

O mundo sofre constantes mudanças, e nós, que fazemos parte dele, temos um panorama novo a todo instante. Pouca coisa é realmente previsível. Por isso você deve ter um *sonho sólido* por dentro, já que tudo mudará por fora, como gelatina ou sorvete derretendo ao sol.

Não há como planejar algo lá na frente e depois repassar todas as etapas necessárias para atingi-lo, voltando no tempo assim dessa maneira tão detalhada. Devido à complexidade das variáveis do Universo, é impossível para qualquer um de nós tomar decisões baseadas em cenários futuros. A vida não é um filme, com roteiro preconcebido e seguido à risca.

Quando você fica pensando "*Se eu fizer isso, o que acontecerá? E se eu fizer aquilo?*", provavelmente o que tem em mente é uma seqüência de imagens, com probabilidades *imaginárias* do que poderia acontecer, no futuro, se você escolhesse essa decisão ou aquela.

Para acontecimentos imediatos (e por imediatos refiro-me às próximas 24-48 horas), isso é muito útil. Mas fico satisfeito em informar que esse mesmo procedimento é uma total perda de tempo para prazos médios ou longos. Pode parecer muito ríspido, porém é verdade. Melhor já dizer logo, porque tem muita gente gastando horas e energia com isso!

É impossível controlar as conseqüências de nossas ações. Vou repetir: impossível.[17]

Tentar controlar conseqüências é desperdiçar a vida.

Em *Os 7 Hábitos das Pessoas Muito Eficazes*, Stephen Covey usa uma analogia interessante para isso. Ele diz algo assim:

> *Imagine que você está olhando uma série de gravetos, cortados e empilhados. Você só consegue enxergar um dos lados da pilha. Então, olha um graveto e o escolhe, para puxar, sem ver o outro lado. Ao fazer isso, você nunca sabe o que há do outro lado daquele graveto, por mais que se esforce. A vida é assim.*

---

17. Na verdade, refiro-me exclusivamente a questões pessoais. Quando temos uma massa muito grande de informações sobre um dado acontecimento, é sim possível prever conseqüências. Por exemplo: podemos prever que, se o aquecimento global continuar, as geleiras vão derreter e o planeta Terra vai enfrentar efeitos devastadores. Para reduzir as chances de algo assim acontecer, temos que acabar com as queimadas e com a poluição. Podemos prever isso e diminuir os riscos dessa conseqüência porque há bilhões de dados coletados em supercomputadores e anos de análises de dados. Reciclar e reduzir drasticamente os poluentes pode nos salvar. Mesmo os cientistas que afirmam haver uma ligação quantitativa desse perigo com erupções solares concordam com a necessidade de redução dos poluentes da Terra. Saiba mais sobre o aquecimento global em www.ClimateCrisis.net. (N. do A.)

E Covey arremata:

> *Podemos escolher que graveto puxar, mas não podemos saber o que virá do outro lado.*

Uma pessoa pode ganhar na loteria e, três meses depois, quebrar as pernas esquiando nos Alpes, e ir parar em uma cama de hospital. Isso jamais aconteceria se ela continuasse sem dinheiro para bancar uma viagem dessas.

Obviamente, não quero dizer que ganhar dinheiro é ruim. Nada disso. Ganhar dinheiro é bom. Mas é preciso ter bem claro que podemos escolher nossos caminhos, mas jamais as conseqüências de nossas escolhas. As conseqüências simplesmente acontecem. E são incontroláveis! Guarde bem isso.

Claro, estou falando de nosso cotidiano, do que é estritamente pessoal.

Se você tem a função de organizar uma operação comercial ou industrial, o caso é outro. Aqui, as diferentes etapas são (ou deveriam ser) muito bem conhecidas. Quando uma empresa vende um produto, ou serviço, é de se esperar que já domine as etapas. Mas, em sua vida, não há como fixar esses estágios, nem quanto vão durar ou o que vai acontecer.

Uma pessoa controladora dificilmente se convencerá disso. Vai sempre tentar ter as rédeas de tudo. Ilusoriamente, claro!

Se é o seu caso, quanto mais cedo você compreender que deve abandonar completamente a tentativa de controlar conseqüências, melhor. Deixará de despender energia à toa. Ou, para usar uma expressão bem popular, dar murro em ponta de faca. Desista. Não funciona, de jeito nenhum.

Acorde, faça tudo o que tem de fazer e durma pensando em seu Sonho, seu *alvo maior*, e aja com base nas suas intenções. Abandone a ilusória tentativa de controle.

NADA A VER COM INCONSEQÜÊNCIA

Algumas pessoas supõem que seja inconseqüência abandonar o controle total sobre a vida. *Mas nós não temos controle total sobre todos os detalhes da vida.* Iludir nossa mente é que seria inconseqüente!

Nós só temos controle *sobre nossas ações*, mas não sobre os resultados dessas ações. Podemos controlar *tendências*, mas não há garantias.

Isso não significa que você deva ser inconseqüente. Só porque não podemos controlar *tudo* não significa que não podemos controlar *algo*. O que você deve fazer é *bloquear antecipadamente conseqüências negativas* de uma ação. Isso é *ação positiva*.

Se você vai sair de carro, por exemplo, coloque o cinto de segurança *imediatamente*, antes de ligar o veículo. Assim, além de criar um hábito que poderá ter conseqüências saudáveis em seu destino, você estará bloqueando antecipadamente uma série de probabilidades negativas em caso de choque no trânsito.

Colocar o cinto de segurança não é pensar negativo ou atrair acidentes; é ter *ação positiva* e aumentar drasticamente as chances de sair ileso, caso haja um acidente. O mesmo acontece com capacetes, *airbags* e assim por diante.

Ter seguro pessoal não é atrair acidentes. É atrair *ação positiva* se, e quando, houver um acidente.

Em outras palavras, você não pode controlar o futuro, mas pode controlar suas respostas a muitas das variáveis desse futuro, seguindo procedimentos *conservadores* de segurança, mas sendo liberal quanto às conseqüências.

A GRAÇA PODE ESTAR NOS IMPREVISTOS...

A excitação e as coisas que marcam a vida podem estar ligadas ao imprevisto, ao "como", ao caminho. Não é o destino que faz nossa vida. É a viagem, a jornada até o destino. Se você é daquelas pessoas que, quando viaja de férias, quer chegar o mais rápido possível, já perdeu metade do valor desse lazer, porque o *caminho* é parte dele.

Então, não perca seu tempo querendo antecipar cada detalhe dessa rota, nem espere que seja uma infinita linha reta. A vida é cheia de curvas e desvios imprevistos.

E sabe o que é mais curioso? *A viagem é tão ou até mesmo mais importante que o destino. Desconsiderar essa verdade tira todo o encanto do dia-a-dia, do presente.*

Aproveite tudo o que encontrar, a cada momento, a cada passo. Olhe a delicadeza das curvas, o sutil declive, o instigante aclive, a vegetação à beira do caminho, a luz do sol, as sombras...

Aprenda com tudo o que acontece. Tropeçar e cair — faz parte! Absorva a experiência, observe que sensações e sentimentos foram despertados. Às vezes, um acidente pede um intervalo de descanso.

Mas, siga adiante, usando sua *tendência ao sonho*. Entregue-se ao presente, mas consciente de que seu futuro está à espera.

Faça como os pilotos de avião. Você sabia que uma aeronave comercial está fora do rumo mais de 90% do tempo? Então, como chega ao destino?

CORRIGINDO SEU RUMO, SUA TENDÊNCIA

Cada vez que o piloto volta à rota, o avião está mais próximo de seu destino certo. Assim é a sua vida. Estar fora do rumo *é normal*! Basta ir fazendo os ajustes necessários, apontando para onde você queira ir, e aja no hoje, *no agora*. Assim, você chegará.

Siga, também, o exemplo do velejador, que jamais tenta controlar o vento. Ele ajusta apenas a posição das velas da embarcação para aportar no cais desejado, no menor tempo possível.

O vento não pode ser controlado. Sua resposta ao vento, sim.

QUEM SABE O QUE QUER DESCOBRE COMO CHEGAR LÁ

Duvida? Acha complicado visualizar a coisa? Confira, então, o que aconteceu com a estilista Elá Camarena, que abdicou de tentar controlar as conseqüências da sua vida, e os resultados, altamente positivos, não tardaram a aparecer.

Em 1992, Elá recebeu seu diploma de estilista na conceituada Faculdade de Moda Santa Marcelina, em São Paulo.

Ela era muito interessada em técnicas de pintura; havia estudado várias, e naquele momento trabalhava comigo para a criação visual dos materiais da *Novak Communication Center*. Tão logo tomou contato com o computador que tínhamos na empresa, pensou que seria um bom instrumento para expressar seu talento.

Procurou saber mais a respeito, falando com dois amigos que trabalhavam na ainda incipiente área de computação gráfica. Ficou encantada com as possibilidades. Não faz muito tempo, lembrou o que aconteceu então:

> — *Aldo, decidi fazer parte do meu trabalho final da faculdade em vídeo e todo o restante produzido no computador, imprimindo-o, em seguida. Ninguém da turma sabia sequer o que era uma impressora!*
>
> Foi uma iniciativa pioneira, na escola de moda, com a vantagem adicional de eu ter produzido também um vídeo, usando como inspiração o estilo da MTV.
>
> Claro que muita gente não entendeu nada!
>
> Lembro que, logo depois disso, fui contratada por uma empresa que precisava de uma estilista que soubesse desenhar no computador. Participei da entrevista e arrisquei — com muita audácia, dizendo que já sabia fazer isso, e aí corri para aprender!

Um dos programas de que ela ouvira falar muito era o Corel Draw.

Quando me contou, na ocasião, que pretendia aprender a usar softwares de moda, o computador da empresa estava ali, bem à mão. Já que ela estava criando a imagem da empresa, unimos forças. Não era, porém, uma máquina com potência suficiente para suportar aplicações gráficas, porque elas requerem muito poder de processamento. Elá conta:

> — *Aí comecei a estudar computação gráfica sem ter um computador meu e sem ter a menor idéia do que fazer com ele. Usava o computador da Novak, emprestado nos momentos em que estava livre. Ficava olhando para a tela e não tinha absolutamente ninguém na Terra para me dizer qualquer coisa!*
>
> Sabia que iria aprender, mas não tinha a menor idéia de "como" aprenderia.

É importante lembrar que quase ninguém no Brasil tinha computadores na época. Ainda era artigo de luxo. A memória da nossa máquina era ridícula, e em seu *drive* não cabia nada. Algumas vezes, ele falhava e desligava.

Uma pessoa que se preocupa com o "*como*" diria: Ué, por que tentar aprender a usar um programa que na certa vai ser substituído logo, logo? E o professor? Quem vai ensinar à moça o que ela precisa saber?

Essas são questões que impedem que você dê o próximo passo. Mas Elá não se deteve nesse ponto. Em vez disso, queria respostas para coisas mais elementares e imediatas: Como eu ligo a máquina? Onde abro o programa? Como posso usá-lo?

Bem, não preciso dizer que eu não tinha a menor idéia de quase nada, por isso não pude ajudar muito.

Elá não tinha professor de Corel Draw. Na verdade, nem sequer poderia prever quando teria um computador pessoal. Era muito caro.

Nada, porém, a deteve ou desanimou. Nem por um momento desistiu de seu objetivo primário: aprender a usar o Corel Draw e qualquer outro programa disponível de moda.

Comecei a escolher alguns desenhos, transferia cada um deles para o computador por meio de um scanner, consertava, e, a partir da observação, paixão por arquitetura e moda, e um certo conhecimento de modelagem, acabei inventando um método de desenho que aprimoro até hoje!

Freqüentemente, eu a observava sentada, por horas e horas, enquanto descobria, sozinha e lentamente, o funcionamento daquele programa. Eu me sentia até mal, porque achava que ela estava perdendo tempo, já que a grande maioria das empresas de moda ainda não usava computadores, um luxo reservado apenas às grandes.

Eu estava errado.

Só três anos depois daquela epopéia inicial é que ela conseguiu comprar seu próprio computador. Mas já tinha muitos quilômetros rodados em computação gráfica de moda, e esse alinhamento lhe abriu muitas portas.

Corte rápido para 2007.

Aquela tremenda sede de aprender acabou levando Elá a trabalhar para empresas têxteis. Ela desenhou coleções de jeans com a marca do guitarrista mexicano Carlos Santana, com quem se reuniu em San Francisco, nos Estados Unidos, para apresentar todas as peças, criadas com o auxílio de computadores.

Hoje, Elá estuda novos programas e participa como palestrante em eventos e empresas de moda em diversos lugares. Aprofundou tanto seus conhecimentos que se tornou consultora e professora das mais importantes empresas e instituições da área.

A mão não alcança aquilo
que o coração não almeja.

Provérbio gaulês

Siga o belo exemplo dessa especialista que não ficou paralisada por dúvidas. Foi vencendo etapa por etapa, sem nem mesmo saber qual e como seria a próxima.

Faça como ela. Esqueça o "como" e siga em frente.

Portanto, a partir de hoje:

1. Fixe sua intenção em construir seus Sonhos, seu *alvo maior.*
2. Mantenha sua atenção na *tendência geral* daquilo que deseja.

Não importa o que aconteça, pergunte-se:

- O que *a água* faria se estivesse no meu lugar?
- Qual o lado de menor resistência desse meu desafio?
- Qual a melhor direção para atingir meu sonho?
- Qual meu próximo passo?

Em seguida, aja! Esqueça a vontade de controlar as conseqüências.

Quando você tenta adivinhar o que aconteceria "se"..., começa a afundar. Quanto mais distante está um evento, menores são as probabilidades de prever o que pode acontecer.

Por isso, quando tentamos descobrir quais seriam as conseqüências exatas de fazer uma certa escolha, *acabamos aumentando tanto nosso processamento de dados, na mente, que chega um ponto no qual não podemos decidir mais nada.*

Quem tenta adivinhar tudo acaba se enredando em uma teia de possibilidades infinitas, porque fica buscando mais dados, mais informações e mais... mais... mais... Então, quanto mais informações consegue, *mais complicada é a análise*, mais complexas e numerosas as variáveis e mais perdida fica a pessoa.

Isso inibe nosso poder de ação. O problema é, com justa razão, denominado "paralisia por análise". Ficamos tanto tempo analisando certa opção que não agimos.

O remédio para isso é simplesmente esquecer "como" você vai alcançar seus sonhos. Deixe que o Universo Externo cuide disso. Faça a sua parte. Lembre-se de que você também é parte do Universo!

- Apenas pense em seu Sonho — em mais nada.
- Envolva-se com os bons sentimentos gerados por esse Sonho.
- Faça o que tiver de fazer hoje — não amanhã.

Agindo assim, você se libertará da armadilha gerada pela Paralisia por Análise, que afasta tantas pessoas inteligentes e dedicadas de seus Sonhos e de seus alvos maiores.

Próximo Passo: o caminho para Machu Picchu

Algumas vezes, é difícil definir o próprio sonho. Quando isso acontecer, simplesmente *dê o próximo passo*. Imediatamente. Tome, por exemplo, o caso de Alcione Luiz Giacomitti, um dos maiores especialistas do Brasil sobre Machu Picchu.

Nem sempre foi assim. Na verdade, ele usou o mesmo conceito do *Flash de Força*, que descrevi anteriormente, unido ao procedimento de saber apenas qual seria "o próximo passo" para fazer algo que mudaria sua vida completamente, em poucos anos.

Na virada do milênio, Giacomitti foi consultor do I Fórum Mundial Espírito e Ciência, organizado em Brasília. No evento, conheceu um dos conferencistas, representante do povo inca, no Peru. Ao terminar sua palestra, esse líder indígena pediu que os espectadores escrevessem seus nomes em uma lista, para participar de uma viagem a Machu Picchu.

Giacomitti escrevia seu primeiro livro e previa visitar aquela cidade histórica peruana em breve, então ficou com a lista para tentar organizar um grupo que iria com ele. Mas, quando o evento acabou e ele voltou para casa, aquela idéia lhe pareceu absurda. Ele nunca havia estado naquele lugar, nem era guia de viagem.

Mas a vontade estava lá, o sonho de colocar os pés na cidade perdida dos incas iluminava seu interior, como uma chama que gerava energia e oferecia combustível à vontade. Mas ele achava improvável que pudesse reunir várias pessoas para a viagem. Ele diz:

> *Uma mulher que havia deixado o nome na lista começou a me ligar insistentemente, para que eu organizasse o grupo.*
>
> *Por mais que eu argumentasse em contrário, ela não desistia. Garantiu, inclusive, que algumas de suas amigas já haviam confirmado a participação. Assim, bastava que eu fizesse uns outros contatos com o pessoal da lista para fechar o grupo.*
>
> *Sem saber, aquela mulher insistente me fez acreditar que era possível, sim, reunir pessoas com aquele objetivo.*

Então comecei os contatos, na certeza de que ela sozinha garantiria uma boa parte dos integrantes.

E assim Alcione Giacomitti, à época proprietário de algumas locadoras de vídeo e DVD, em Curitiba, no Paraná, se preparou para a sua primeira viagem ao Peru. Mas o mais curioso ainda estava por acontecer:

No dia 21 de fevereiro de 2001, iniciei a jornada que transformaria minha vida para sempre. O grupo acabou superando todas as minhas expectativas, com cerca de trinta participantes. Sem nenhuma experiência como guia,tratei de me informar sobre o sítio histórico, reunindo o que me parecia mais relevante. Assim, aprendia o que depois trataria de passar a meus companheiros. Afinal, entusiasmado, eu ia concretizar meu sonho, e, ao mesmo tempo, levava outras pessoas comigo.

Visitamos o lago Titicaca, Tambo Machay, os sítios arqueológicos de Tiawanaku, com a Porta do Sol, Saqsayhuaman, Sillustani e Pisac, a pirâmide de Ahapana, a ilha e os índios de Los Uros, as belezas de Cuzco, o impressionante Valle Sagrado, o Templo do Amor em Ollantaytambo, Águas Calientes e muito mais. Acabei me apaixonando pelo lugar, e nunca mais parei de ir.

O mais incrível, porém, é que a mulher insistente, que tanto me incentivou a continuar, acabou não indo. Suas amigas também não confirmaram a presença.

Observe bem essa história verídica. A pessoa que deu início ao processo, e que corresponderia ao "como", abandonou o barco antes da partida, mas cumpriu um papel fundamental, ao incentivar Alcione Giacomitti a levar adiante a proposta surgida naquele evento, em Brasília.

O que começou como uma simples viagem acabou se transformando numa grande bênção em sua vida. Alcione viaja várias vezes por ano para Machu Picchu, levando grupos de brasileiros não só para a Cidade Perdida como também para Cuzco, Nazca e o lago Titicaca.

Se ele tivesse se preocupado com o "como" faria isso, ainda estaria às voltas com o aluguel de fitas de vídeo, em suas locadoras.

Enquanto escrevia este livro, recebi dele o seguinte e-mail:

> *Adquiri uma chácara próxima a Curitiba e criei o Espaço Terra Inca, onde vivo parte de meu tempo e realizo encontros de pessoas em meio à natureza, com um cenário decorado ao estilo indígena inca, para falarmos sobre temas voltados à espiritualidade e ao crescimento pessoal.*
>
> *Com o tempo, aprendi que a bênção de Deus está acessível a todos nós, mas precisamos mostrar ousadia para poder merecê-la.*

E ousadia é crer que você encontrará um caminho, mesmo sem a certeza de conhecer o "como".

NÃO IMPORTA SE VOCÊ ESTÁ NA DIREÇÃO ERRADA, NESTE MOMENTO

Após alguns anos de constantes viagens naqueles roteiros, Alcione Giacomitti me convidou para viajar anualmente ao Peru como conferencista convidado e, eventualmente, *coach* dos grupos que organiza.

Graças à *Lei da Atração*, ele criou uma agência focada em diferentes áreas do Peru e também da Bolívia. Lugares que ele só conheceu porque teve a coragem, sedimentada na confiança em dar o *próximo passo*. Só isso.

Sempre ensino um pouco mais sobre as experiências com a *Lei da Atração* quando faço essas viagens. E, claro, aprendo muito!

Há alguns anos, estava acompanhando um desses grupos de brasileiros em um roteiro que começava nos Andes bolivianos, a mais de 4 mil metros de altitude, seguindo depois para Puno, no Peru, onde fica o impressionante lago Titicaca. Usávamos um ônibus exclusivo para aquele percurso.

A estrada que vai de La Paz, na Bolívia, até Puno, no Peru, parece uma serpente. São curvas e mais curvas, descendo pela região andina e passando por lugares belíssimos, com a cadeia de montanhas nevadas ao fundo.

> A Lei da Atração *diz para você não se preocupar muito com as etapas da viagem, apenas com a qualidade da experiência no percurso. Sinta cada momento da sua vida. Aproveite instante a instante. Como uma bela e instigante paisagem.*

Logo que deixamos a Bolívia, iniciei uma atividade que seria trabalhada novamente nas proximidades de Machu Picchu, com esse mesmo grupo. Entreguei a todos uma ficha e uma bússola.

Expliquei que cada um deveria anotar na ficha, de tempos em tempos, a direção que o ônibus seguia, apontada pela bússola.

Só isso.

Como o terreno é montanhoso e o ônibus mudava de direção a todo instante, a bússola mostrava diferentes direções, ora o norte, ora o sul, ora o sudoeste ou o noroeste. Em alguns momentos, os registros indicavam que estávamos *voltando* para a Bolívia.

Cada um anotou cuidadosamente seus próprios dados. Com isso, embora todos nós estivéssemos no mesmo ônibus, havia diferentes registros.

Repetimos a atividade na viagem entre o lago Titicaca e a cidade de Cuzco.

Quatro dias depois, no Valle Sagrado dos incas, apresentei uma conferência sobre "direção de vida", e saquei aquela folha, que havíamos preenchido na viagem. Também mostrei um mapa da cidade de Cuzco e apontei para a posição do lago Titicaca.

Perguntei ao grupo: *para que direção temos que ir para chegar do Titicaca até Cuzco?*

Peguei uma régua grande e tracei um risco entre as duas regiões. Todos concordaram que teríamos que ir para noroeste, saindo do Titicaca.

Em seguida, junto com os participantes, listei uma tabela com todos os registros da direção que havíamos marcado com a bússola durante a viagem real.

Uma coisa ficou bem clara: *estivemos indo para a direção errada uma grande parte do tempo!*

Como pode?

Ao marcarmos as direções da viagem, todos notaram que íamos para o leste, quando deveríamos estar indo para noroeste, ou para o oeste, ou para o sudeste... e assim por diante.

Mas chegamos ao nosso objetivo, ao nosso sonho. Como?

Por causa de uma coisa chamada *tendência*. Você pode ter errado e seguido o caminho incorreto grande parte do tempo, *mas se a sua tendência geral estiver certa, mesmo que desvie e desde que retome, em seguida, o rumo certo,* você alcançará seu sonho, com uma margem de certeza de 100%.

Quando eu disse isso, simplesmente contei quantas vezes cada direção aparecia nos registros. Todas as direções estavam lá, *mas a tendência ficou clara* quando notamos que *a maior parte das vezes nas quais fizemos as medições estávamos indo para noroeste — nossa direção certa!* A nossa *tendência* era correta, mesmo que estivéssemos indo para a direção errada (as curvas enganam...) em outros momentos da viagem.

SUA VIDA É EXATAMENTE ASSIM

Não é apenas lá, entre o Titicaca e Machu Picchu, que as pessoas mudam de direção a todo instante. Sua vida também é assim. Há montanhas e curvas na estrada o tempo todo. Há paradas para reabastecer. Há defeitos mecânicos. Há momentos de descanso. Há atalhos errados que decidimos tomar, para depois voltar e retomar a estrada certa.

Assim, mesmo que você cometa equívocos, siga para a direção errada, tropece, caia, fracasse (e essa palavra nem deve existir em seu vocabulário); mesmo assim você pode atingir seu sonho, desde que *mantenha a tendência em direção a ele — como faz a água, naturalmente.*

Faça como o motorista do nosso ônibus, no percurso entre El Alto e Machu Picchu. Lembre-se o tempo todo do local para onde se dirige, não importam quais e quantas sejam as curvas do caminho. E, ao optar por uma direção, logo à frente, escolha a *direção geral* que manterá a sua tendência.

É por isso que alguns de nós se perdem quando vão em busca de seus sonhos, por se esquecerem da *direção geral*.

Para atingir seu sonho, qualquer sonho, lembre-se sempre de:

1. Trazer seu sonho para o HOJE, todos os dias. Pensar, estudar, imaginar e viver os sentimentos relativos a ele, admitindo que você tem a intenção de atingir algo e dando, diariamente, sua atenção para isso.
2. Usar sua agenda para anotar os passos que você pode dar, nos próximos sete dias, em direção ao seu sonho. Sete dias é o tempo mais longo que você deve se preocupar em planejar. Nem um dia a mais.
3. Durante o dia de hoje, quando você tiver que tomar uma decisão — qualquer que seja ela —, pergunte: qual a decisão que está na direção geral do meu sonho?
4. Ao sentir a direção geral, basta virar para ela, esquecendo qualquer outra direção, por mais interessante que seja.

A fórmula pode parecer tola ou mesmo simplória. Mas nesse procedimento está o verdadeiro poder.

Concentre-se no que deseja. E prossiga. Sem esmorecer. Você conseguirá!

Sempre que encontrei alguém realizando algo magnífico,
essa pessoa era uma monomaníaca com uma missão.
Uma pessoa que tinha um único objetivo na mente, com paixão.

Peter Drucker

Ação monofocada

Seiri. Apenas um

É impossível existir confusão e caos em uma sala absolutamente vazia, porque o caos só aparece onde há muitas opções não-relacionadas, chamando sua atenção ao mesmo tempo.

Em uma sala cheia de livros desordenados, há caos. Se eles estiverem organizados em uma prateleira, e apenas um estiver sobre a mesa (justamente o que está sendo lido), não haverá confusão para você. Nenhum tipo de caos.

Em uma cozinha cheia de tralhas, empilhadas de maneira anárquica, há caos. Se essa mesma cozinha estiver organizada e na mesa de almoço houver apenas aquilo que for de uso imediato, da mesma forma não haverá confusão para você.

Em uma mesa de escritório coberta de papéis, materiais, relatórios, revistas, restos de lanche... há caos. Se, ao contrário, ali estiverem somente os documentos de uso imediato, também não haverá confusão para você.

O mesmo acontece em outros ambientes, como uma oficina de automóveis, o chão de fábrica ou a linha de montagem, em uma indústria, uma sala de reuniões para trabalho em equipe, em sua agenda semanal... e até mesmo em sua cabeça. O caos só existe quando há, diante de nós, muitas opções aparentemente desconexas chamando nossa atenção. Tudo ao mesmo tempo.

Um homem com um relógio sabe que horas são.
Um homem com dois relógios nunca tem certeza.

Irving Segal

Esse raciocínio vale para tudo, inclusive para a realização de seus sonhos. Quanto mais informações e desejos estiverem competindo por sua atenção, menores são as chances de você realizar cada um deles.

Os japoneses têm uma palavra para isso: *seiri*.

Seiri é a primeira regra do sistema conhecido como "Processo dos 5S", muito usado em fábricas no mundo inteiro.

Ele recomenda que você mantenha os espaços limpos — seja aqueles em que você trabalha, os do seu lar, os de lazer — e livres de tudo que for desnecessário. Mantenha apenas o fundamental. Doe ou jogue fora o que não usa — exceto o que tiver algum valor emocional.

No local de trabalho, mantenha à sua frente somente o que precisar para a tarefa imediata. Reduza os itens à vista ao mínimo essencial.

Seiri é a simplificação de tarefas e o uso eficaz do espaço.

"Apenas um", querem dizer os japoneses com a palavra *seiri*.

A partir de hoje, siga esse exemplo sábio. Elimine tudo o que não tem utilidade. Fique com apenas um.

Mantenha o foco e a clareza, com apenas uma coisa para chamar sua atenção. Vale para muitos outros aspectos e bens que temos na vida: uma casa, um carro, um amor, uma missão, uma viagem, um livro, *um sonho...*

Isso não significa, por certo, que você não possa ter mais coisas ou mais sonhos. Mas, durante a construção de um sonho, especialmente o que exija mais de você, atuar com *MONOFOCO* é uma chave poderosa.

Um cavalo, um cavaleiro

Em minhas palestras, há muita interação com os espectadores. Sempre com enriquecimento de parte a parte. Certa ocasião, um rapaz hiperativo, o Nestor, disse que não gostava de fazer uma coisa só.

Ele reclamou quando sugeri que para atingir seus sonhos era importante ser *monotarefa*, ou, como diz Peter Drucker, *monofocado*. Insistiu que gostava de variar o tempo todo. Respondi:

> Isso pode ser muito bom para você, *mas não vai ajudá-lo a realizar seu sonho.*
>
> Depois da palestra, ele me procurou. Disse que gostava de pintar quadros, escrever romances (!), nadar, sair "com a galera", estudar direito e praticar surfe. Ele não tinha gostado nada nada da história do seiri. Considerava-se "bagunçado e eficaz".

— *Há quanto tempo você faz essas coisas? Quando aprendeu a pintar?*

— *Dois anos — ele respondeu prontamente.*

— *E a escrever?*

— *Desde adolescente. Sempre fui o melhor da sala.*

— *E desde quando você nada?*

— *Ah, isso é mais recente... uns oito meses. Mas eu faço muito mais coisas — insistiu.*

Então perguntei:

— *Interessante. E quantos quadros você já pintou, nesses dois anos?*

— *Ah, eu pinto muito.*

Sorri e perguntei novamente: — *Sim, mas...* no total... *quantos quadros você* terminou?'

Ele me olhou um pouco embaraçado:

— *Bom, terminado, terminado, assim com tudo pronto, né... bom assim, nenhum, mas já tenho uns três "praticamente" prontos.*

— *E quantos romances você já escreveu em sua vida?*

Ele não tinha terminado nenhum, apenas escrevera algumas páginas, avulsas, com vagas impressões. Nada a ver, portanto, com o trabalho criativo, mas altamente sistemático, de fazer um livro.

Ele, na verdade, não mantinha o foco em nada. Embaralhava tudo. Sem nenhuma direção. Confundia as estações ao achar que fazer muitas coisas é ampliar horizontes, quando deixava tudo solto. Sem conclusão.

Esse padrão de pensamento caótico, com atitude similar, é potencializado pela mídia, especialmente a televisão, que apresenta inúmeros segmentos em poucos minutos, geralmente estanques, sem inter-relação.

É como uma pessoa que pretende cavalgar em dois cavalos ao mesmo tempo.

Exceto os artistas de circo, que fazem piruetas sobre um par de montarias, nenhum cavaleiro precisa de mais de um para chegar a seu destino ou fazer um maravilhoso passeio, apreciando a beleza da paisagem.

O homem de sete instrumentos não toca bem nenhum.

Anônimo

Numa era em que muitas empresas buscam especialistas "em coisa nenhuma", os tais generalistas, e em que mulheres e homens são obrigados a cumprir inúmeras funções ao mesmo tempo (em razão, por exemplo, de dramáticos enxugamentos de pessoal...), ou seja, sem o mínimo de qualidade, talvez seja o momento de repensar a quantidade de tarefas e papéis que você tem desempenhado.

Para suprimir as tarefas descartáveis e chegar ao que é imprescindível.

Concentre-se no essencial para a realização de seu sonho e deixe o resto para depois.

Talvez você encontre dificuldade para elencar o que seja "essencial".

Há momentos em que um turbilhão de responsabilidades e urgências chama sua atenção ao mesmo tempo. Mas, ainda que sejam ações que dependem unicamente de você, portanto indelegáveis, é preciso concentrar-se no absolutamente essencial.

As pessoas bem-sucedidas têm um ou dois focos cruciais para sua carreira, e igual medida para outros aspectos de sua vida, seja em família, na saúde, no lazer. Elas não dispersam a atenção. Sabem que só assim podem render todo o seu potencial.

De nada adianta fazer todos os cursos oferecidos pela empresa em que trabalha se você não se dedica a nenhum. Do mesmo modo, não adianta se "dar" um pouco para cada membro da sua família e amigos quando "for possível... quem sabe amanhã... ou depois", se seu filho, seu pai, sua mãe, seu irmão, sua esposa ou seu marido precisam de você desesperadamente *agora*.

O principal é manter a coisa principal
como a principal coisa do dia.

Steven R. Covey

PRIORIZAR É A PALAVRA-CHAVE

Vamos a um exercício. Aproveite os próximos minutos para listar, no espaço em seguida, todas as suas principais atividades, mesmo as que não tenham relação com seu sonho. Apenas escreva tudo o que lhe aparecer na mente.

A única regra para incluir cada uma delas é que, de fato, consuma parte de seu tempo. Ao lado da atividade, escreva quantos minutos tem de reservar a ela, todos os dias.

Não precisa incluir refeições, sono ou algo semelhante. Escolha as **dez** principais — entre as que você se obriga a fazer, por necessidade própria ou alheia. Se preferir incluir mais, fique à vontade, mas a quantidade sugerida é suficiente. Vamos lá, anote:

ATIVIDADE	TEMPO
Exemplo: *Assistir ao telejornal*	*30 min.*
1	....
2	....
3	....
4	....
5	....
6	....
7	....
8	....
9	....
10	....

Agora, repita o exercício, mas incluindo apenas as atividades que têm relação com seu sonho.

Exemplo: *Montar e sentir meu Quadro da Visão* .... *5 min.* ....

Exemplo: *Ler meu livro do sonho semanal* .... *15 min.* ....

1 ....

2 ....

3 ....

4 ....

5 ....

6 ....

7 ....

8 ....

9 ....

10 ....

Agora, analise e compare cada uma delas. E responda, com toda a sinceridade: você está dedicando tempo todos os dias para realizar seu sonho ou está gastando suas preciosas e irreversíveis 24 horas no que é acessório, não-fundamental?

Reflita sobre como você usa seu tempo, porque é de tempo que seu sonho é feito. Tempo durante o qual você pensa, sente e age na direção de seu sonho.

Qual a única coisa importante que deve ser feita hoje na empresa? Faça-a hoje. E a única coisa importante que deve ser feita em casa? Não deixe para amanhã. Tirando as coisas importantes, o resto é... somente isto: o resto.

Para facilitar seu foco, mantenha em sua agenda uma lista com as principais atividades da semana. Fazer diariamente apenas uma coisa importante, voltada à construção do seu sonho, terá grandes resultados. Você verá que faz toda a diferença.

A seguir, você encontrará um formulário para anotar essa ação focada. Faça cópias do formulário para renová-lo semanalmente. Seu poder é extraordinário.

Deixe as pequenas coisas para os pequenos espaços, caso haja sobra de tempo. Seu sonho e seu destino são a soma de seus dias. Seus dias são a soma de suas horas de vida. Use-as bem. O que você desperdiça não pode ser recuperado. O tempo, dizem os sábios, é o único bem realmente irrecuperável. Uma vez passado, não volta mais.

Priorize sua vida. Seus dias. Suas horas. Seus sonhos. Priorize o hoje. Quem acha que toca sete instrumentos na verdade não se aprofunda em nenhum. Então, é um "artista" abaixo da média. Sujeito a todo tipo de vexame diante do público.

Aposte em um deles e seja um virtuose! Aquele que, quando toca, proporciona a seus espectadores uma experiência inesquecível. E a si um prazer imenso.

Faça uma cópia desta página e use-a todos os dias para registrar suas vitórias e senti-las. Quanto mais vitórias você acumular, mais vitórias atrairá.

ESTE É MEU DIÁRIO DE VITÓRIAS

Todos os dias registro aqui todas as vitórias que vivencio, para que sempre possa tê-las na mente, a qualquer momento. Não importa o tamanho delas. Podem ser grandes ou pequenas, mas são vitórias. Minhas vitórias. São parte de minha existência. Lendo-as, lembro-me de que nasci para realizar, nasci para superar quaisquer dores, nasci para vencer, nasci para ajudar e nasci para crescer.

Eu, ________________________, vivo pequenas e grandes vitórias, e esta lista mostra algumas delas, do mês de ________________________ do ano de ___________.

Dia .... /......... ....

Dia .... /......... ....

Dia .... /......... ....

Dia .... /......... ....

Dia .... /......... ....

Dia .... /......... ....

Dia .... /......... ....

Dia .... /......... ....

Dia .... /......... ....

Dia .... /......... ....

Dia .... /......... ....

Dia .... /......... ....

Dia .... /......... ....

Dia .... /......... ....

Faça uma cópia desta página e use-a para relacionar as ações que levem ao seu sonho.

SUPERFOCO DA MENTE

Meu compromisso:

"Depois de refletir, durante o final de semana, eu me comprometo a realizar, de segunda a sexta-feira, sem exceção, ao menos uma tarefa essencial para a realização do meu sonho."

Segunda-feira: ....

....

Terça-feira: ....

....

Quarta-feira: ....

....

Quinta-feira: ....

....

Sexta-feira: ....

....

Sábado: ....

....

Domingo: ....

....

Caso você não realize uma tarefa essencial para a construção do seu sonho, transfira-a para a data livre que esteja disponível e faça seu sonho acontecer. O Universo aguarda sua ação. Você trabalha para todos, algumas vezes até fora do horário de expediente. Faça o mesmo por você. Você merece.

Por quê? Por que não? Por que não eu? Por que não agora?

Viva seu sonho. Agora.

Nossa jornada juntos está chegando ao fim.

Aqui, o único tema foi a construção do seu sonho. Mas este é um livro incompleto, como a vida. Há muito mais sobre a *Lei da Atração*, e talvez possamos nos encontrar em uma outra oportunidade, para tratar de outros tópicos importantes para a sua vida e que complementem a leitura de *O Segredo para realizar seus sonhos*.

Entretanto, há ainda um lembrete que eu gostaria de deixar para que você possa viver seu sonho.

O lembrete é: *viva seu sonho hoje*, mesmo que em microescala.

O que significa isso? Significa que qualquer sonho que você tenha, por maior que seja, é composto de sonhos menores. Significa que qualquer sonho que você tenha tem uma representação em escala menor, agora mesmo, ao seu lado.

Se você tem o sonho de ser jornalista, seja jornalista agora mesmo. Quando eu tinha 12 anos e queria ser repórter, criei e editei o jornal

Nós Estudantes, impresso em mimeógrafo. Eu já estava "*agindo como se*" e me tornando jornalista.

Praticamente tudo o que você pensar em ser possui um equivalente menor, disponível imediatamente. Quer ser músico e tocar para milhares de pessoas? Então comece tocando para uma pessoa, hoje. Ou, se você não souber tocar nenhum instrumento, entre hoje em um curso. Quer ser um grande ator? Então, matricule-se em uma escola ou entre, agora mesmo, em um grupo teatral amador.

São exemplos simples, mas você certamente encontrará outros, mais adequados ao seu caso.

Viva seus sonhos agora, mesmo que em uma escala pequena, e isso fará com que você experimente as mesmas sensações e pensamentos que teria em uma escala grande. E o Universo realmente não sabe a diferença.

Viva seus sonhos agora, em cada decisão, em cada palavra, em cada sorriso, em cada escolha. *Viva seus sonhos agora*, quando se apresenta e quando se despede. *Viva seus sonhos agora*, em cada linha que escreve, em cada projeto que cria, em cada palavra que diz.

Viva seu sonho agora. Todos os dias. A cada hora. A cada segundo.

Lembre-se de que você já é aquilo que deseja ser, mesmo que a imagem atual não mostre isso. O Princípio da Incubação está em curso.

Deixe que o ontem morra para sempre. Entregue-se ao presente, apreciando cada segundo do seu dia, desde o amanhecer, com todo o seu brilho e esperança.

Viva seu sonho ao dormir. Viva ao despertar. Viva no decorrer do dia. *Viva seu sonho agora.*

Prenda-se às emoções geradas por seu sonho.

Viva seu sonho agora. Este é o principal *Segredo para realizar seus Sonhos*.

É uma honra para mim caminhar com você e fazer parte — de maneira bem ativa — do sonho que, com certeza, você vai realizar!

Aldo Novak

http://www.aldonovak.com.br

Nada acontece a menos que exista antes um sonho.

Carl Sandburg

Amarrando o final

- Nas páginas anteriores vimos que há fatores essenciais que você e eu devemos observar quando usamos a *Lei da Atração.*
- Fatores reais e soluções reais para vitórias reais.
- Mesmo que seu sonho seja — para muitos — apenas uma fantasia!
- Acredite. Sinta. Pense. Reflita. Aja. Corajosamente!
- Seu sonho aguarda você!

Resumo da terceira parte

- Melhores coisas da vida
    - » As pessoas que estão conosco
    - » Os sentimentos que elas têm
    - » As emoções que nós próprios temos
- A oposição sempre existirá
    - » Leve na esportiva quando for oposição gerada por amor
    - » Use a energia do adversário quando não for
- O tempo é relativo
    - » O Universo sempre "entregará" seu sonho no tempo ótimo

Sobre o autor

Aldo Novak é um dos maiores especialistas brasileiros na *Lei da Atração.* Consagrado consultor de empresas e palestrante, propõe uma linha pragmática e livre de acepções "mágicas". Assim, tem autoridade e trânsito livre para falar sobre esse tema com diferentes tipos de leitores e praticantes. Ensina a *Lei da Atração* desde 2000, em seus *workshops* e treinamentos.

Novak é brasileiro. Nasceu em São Roque, no interior de São Paulo. Jornalista e conferencista, há mais de 15 anos atua como consultor e *coach* (uma espécie de treinador de profissionais) nas áreas de relacionamento comercial, comunicação focada em negócios, "marca pessoal" (*personal branding*), *networking* e ferramentas de gestão do conhecimento, como Mapas Mentais (*Mind Mapping*), Gestão do Tempo e Priorização de Tarefas, Missionamento e Alinhamento Pessoal e Corporativo, Criatividade e Fortalecimento Pessoal.

Entre seus instrumentos de trabalho estão a Neurolingüística e a linguagem hipnótica, um estilo de comunicação *coach-cliente* — sem nenhuma relação com aquilo que é popularmente chamado de "hipnose" ou "hipnose de palco".

Defende a necessidade de mudança de paradigmas como principal ferramenta de transição para um novo patamar de conhecimento e prática, tanto em empresas como em esferas estritamente pessoais. Propõe, ainda, o uso de sistemas *não-lineares* de aprendizagem como uma das bases do ensino no país.

Está entre os pioneiros a aplicar, no Brasil, os conceitos de cartografia mental e a popularizar os Mapas Mentais de *Tony Buzzan* em empresas e escolas. Seu trabalho inovador lhe valeu, em outubro de 2007, o prêmio *Personalidade da Educação* da Associação Brasileira de Treinamento e Desenvolvimento do Paraná, ABTD/PR.

Sua coluna semanal "Sucesso Gera Sucesso" tem mais de 150 mil assinantes em 72 países. O conteúdo pode ser acessado no site www.aldonovak.com.br ou, ainda, em www.AcademiaNovak.com.br, e o específico, de que trata este livro, no www.oSegredoSemSegredos.com.br.

Este livro foi composto em Berkeley Oldstyle 11/15
e impresso pela Lis Gráfica sobre papel couché 115g
para a Ediouro em fevereiro de 2008.